百川汇南粤

海上丝绸之路对岭南文化的影响

丛书主编：白晓霞

高校主题出版

2016年广东省重点出版物孵化扶持项目

百川汇南粤

海上丝绸之路对岭南文化的影响

赵炳林　陈晓艺 ◎ 编著

版权所有　翻印必究

图书在版编目（CIP）数据

百川汇南粤：海上丝绸之路对岭南文化的影响．民俗篇/赵炳林，陈晓艺编著．—广州：中山大学出版社，2017.12

（百川汇南粤：海上丝绸之路对岭南文化的影响丛书/白晓霞主编）

ISBN 978-7-306-06269-7

Ⅰ.①百… Ⅱ.①赵… ②陈… Ⅲ.①海上运输—丝绸之路—影响—地方文化—文化研究—广东 ②风俗习惯史—研究—广东 Ⅳ.①K203 ②G127.65 ③K892.465

中国版本图书馆 CIP 数据核字（2017）第 315608 号

出版人：徐　劲
策划编辑：吕肖剑　王延红
责任编辑：周明恩
封面设计：林绵华
责任校对：王延红
责任技编：何雅涛
出版发行：中山大学出版社
电　　话：编辑部 020-84111946，84113349，84111997，84110779
　　　　　发行部 020-84111998，84111981，84111160
地　　址：广州市新港西路 135 号
邮　　编：510275　　　传　真：020-84036565
网　　址：http://www.zsup.com.cn　　E-mail：zdcbs@mail.sysu.edu.cn
印　刷　者：广州家联印刷有限公司
规　　格：787mm×1092mm　1/16　11 印张　206 千字
版次印次：2017 年 12 月第 1 版　2017 年 12 月第 1 次印刷
定　　价：48.00 元

如发现本书因印装质量影响阅读，请与出版社发行部联系调换

丛书序

中西文明的交流与碰撞自古以来连绵不断，对世界文明产生了重要的影响。在漫长的岁月之中，中西方人民通过不同的方式进行相互交流与学习，其中一次跨越年代长、范围广且甚为重要的中西交流，就是著名的丝绸之路。

从汉代开始，中国人就开通了从广东到印度去的航道。宋代以后，随着南方的进一步开发和经济重心的南移，从广州、泉州、杭州等地出发，经今东南亚、斯里兰卡、印度等地，抵达红海、地中海和非洲东海岸。人们把这些海上贸易往来的各条航线，通称为"海上丝绸之路"。这个名称，最早由德国地理学家李希霍芬（Richthofen）1877年在《中国亲程旅行记》一书中提出。

海上丝绸之路跨越两千多年，中西方物质文明交流频繁兴盛，到元代，海上丝绸之路已经远远超越了商业的范畴，成为东西全方位交流的大动脉，是中国古代对外贸易和海上交通的重要通道。

岭南介于山海之间，北枕五岭，南临南海。南海则是海上丝绸之路的咽喉。特殊的地理区位，使岭南成为海上丝绸之路的始发地之一以及中国古代对外贸易的核心区域。

岭南与海上丝绸之路沿途各国的文化交流，从未间断，来自异域的文化养分，与岭南本土文化交织碰撞，中原文化以及各地文化对其浸润影响，形成了独具特色的岭南文化。海洋性、兼容性以及开放性成为岭南文化的特性。

文化的交流是双向的。中国奉献给西方世界以精美实用的丝绸，欧亚各国人民也同样回报了中国。通过海上丝绸之路，西域的苜蓿、葡萄与乐舞、

杂技，罗马的玻璃器，西亚、中亚的音乐、舞蹈、饮食、服饰等传入中国。

广州及岭南地区是外来佛法东渐的第一站，是外来宗教经海路的"西来初地"，多种宗教文化融汇于此，对岭南文化和社会产生深远的影响。海上丝绸之路独特的地理流动所带来的宗教与文化的冲撞与融合，为早期岭南文化艺术的发展提供了得天独厚的历史机遇。19世纪末叶以来，岭南地区的经济发展更是推动了文化的兴盛，建筑、艺术、宗教、戏剧、音乐、文学、绘画、工艺、饮食、园林、风俗等各个领域，贯穿着开放、兼容的观念。如广东的骑楼，早已跳出建筑学的范畴，成为东西文化交流史上的一个经典符号。

伴随着近代西方科学文化知识的传入，广东成为中国近代工业和革命的策源地。同时，在广州、澳门等地聚集的形形色色的商人、传教士、旅行家等，通过书信向国内介绍"中国印象"，将中国经典古籍翻译介绍至西方，推动了欧美的汉学研究，为西方了解中国打开了一扇窗。

岭南在海上丝绸之路文化交流的天时与地利，沟通东方与西方，融汇中学与西学，可谓得风气之先。中西交流不断为岭南文化注入新鲜血液，为岭南、为广东的发展注入了活力，形成了开放兼容、敢于冒险、富于创新等文化精神，在中国地域文化中独树一帜，又将这些文化精神辐射到全国。

近代以来，岭南的商帮在与西方的商贸往来中，促进了洋务人才的成长，为近代中国培养了大批洋务人才，岭南成为洋务运动的发祥地之一，开启了古老中国的近代化序幕。近代民主革命风起云涌，岭南人中之翘楚如康有为、梁启超及孙中山，执改良与革命之牛耳，推翻封建帝制，建立了亚洲第一个共和国。

进入20世纪，海洋文明浸润的岭南，再次领潮争先，成为改革开放的先行地，创造了一系列经济奇迹，并且孕育了改革开放时代的文化精神。广交会，也已成为海上丝绸之路新的里程碑。

海上丝绸之路从最初的商业交往通道，发展成为政治、文化、军事、科技和艺术等方面交流的渠道，更是一座连接东西方文明的友谊桥梁，把世界上众多国家和地区紧密联系在一起，促进了各国间的友好交往。

2013年10月3日，国家主席习近平在印度尼西亚国会发表重要演讲时明确提出，中国致力于加强同东盟国家的互联互通建设，愿同东盟国家发展好海洋合作伙伴关系，共同建设21世纪"海上丝绸之路"。而21世纪海上丝绸之路将给中国、给世界带来什么样的成就与辉煌，万众瞩目，万众期待！

此为我们出版《百川汇南粤——海上丝绸之路对岭南文化的影响》之主旨也。

白晓霞
2017 年 10 月于广州天河

目录
CONTENTS

绪　言 ... 1

第一章　广东三大民系的形成 ... 5

　第一节　三大民系的形成 ... 6
　　一、古代移民背景 ... 6
　　二、古代移民的迁徙历程 ... 6
　　三、广东三大民系 ... 8
　第二节　移民对岭南的影响 ... 15

第二章　海外经济交流与民间中西往来 ... 19

　第一节　广东海外贸易的历史演进 ... 20
　　一、海外贸易的历史背景 ... 20
　　二、海外贸易的历史演进 ... 20
　第二节　唐宋时期的海贸 ... 31
　　一、唐宋时期的进出口货物 ... 32
　　二、唐宋时期的海贸管理 ... 33
　　三、唐宋时期的造船业 ... 34
　　四、唐宋时期的航海技术 ... 36
　第三节　民间中西往来 ... 38

一、贸易外商往来	38
二、外商侨居中国	41
三、来华的外国奴隶	44
四、宗教交流往来	48

第三章　活跃于对外贸易中的商人　51

第一节　广东十三行　52
第二节　广东商帮　57
　　一、广府帮　58
　　二、潮州帮　62
　　三、客家帮　65
　　四、著名的四大行商　65
第三节　洋买办　74
　　一、买办的前身　74
　　二、洋买办的产生及演变　76
　　三、买办制度的形成与地位的变化　78
　　四、洋买办和买办资产阶级的影响　79
　　五、晚清"四大买办"　83

第四章　白话俚语中的"洋词儿"　91

第一节　白话方言的形成与发展　92
　　一、白话的形成与发展　92
　　二、白话的特点　94
　　三、广东白话的分布概况　98
第二节　白话受外来文化的影响　100
　　一、白话受佛教文化的影响　100
　　二、白话受外地商人的影响　100

三、白话中的"洋词儿" 101
四、"洋泾浜英语" 106
五、外来文化影响下，白话中出现的洋文化词汇 110

第五章　西风渐入百姓家 113

第一节　广东饮食中的西方元素 115
　一、西方饮食传入的历史背景 115
　二、西餐在广东的传播 116
　三、近代国人对西方饮食文化的态度 118
　四、西餐的"中国化" 119
　五、其他西方饮食的传入 121
　六、西方文化对广东饮食的影响 124

第二节　岭南民居中的西方元素 129
　一、澳门民居中的西方元素 129
　二、广州民居风格的西方化 131
　三、宗教信仰中的西方元素 139

第三节　日常生活的西化 142
　一、服饰着装的西化 142
　二、岭南语言中的西方元素 146
　三、西方文化对广东生活习俗的影响 150

参考文献 158

绪　言

中西文明之碰撞自古以来就连续不断，神秘的西方文明与伟大悠久的东方文明相互碰撞交织，产生了绚丽的火花与深远的影响。在那些漫长而悠久的岁月之中，中西方人民通过各种不同的方式相互交流与学习，其中的一次跨越年代极长、涉及范围极广，且甚为重要的中西交流的伟大事件就是著名的丝绸之路。

从汉代开始，中国人就开通了从广东到印度的航道。宋代以后，随着中国南方的进一步开发和经济重心的南移，从广州、泉州、杭州等地出发的海上航路日益发达，越走越远，从南洋到阿拉伯海，甚至远达非洲东海岸。人们把这些海上贸易往来的各条航线通称为"海上丝绸之路"。

隋唐时期，民族的进一步融合，疆域的进一步开拓，政治制度与思想文化的整合，使朝廷凝聚了极大的力量，生产发展，商业繁荣，文化昌盛，并以博大的胸怀，大量接受外来文化，使之融入中国文化的整体当中。中西往来更加畅通无阻，当时的文化交流也呈现出令人眼花缭乱的景象。西方的珍禽异兽、珠宝香料、玻璃器皿、金银货币纷纷传入，中亚、西亚的衣着、饮食等生活方式，以及音乐、舞蹈等文化娱乐活动都源源不断进入岭南和中原。在佛教进一步盛行的同时，祆教、摩尼教、景教以及新兴的伊斯兰教都在此时正式传入中国内地，唐朝的两京——长安和洛阳以及丝绸之路上的一些大城市如凉州、广州，都纷纷呈现出国际都市的风貌。在吸收外来文化的同时，借助唐朝强大的政治力量，中华文明也传入西方，并不同程度地影响了西方各国。

宋朝之后中国经济、文化重心的南移，使海上丝绸之路更加繁盛起来。丝绸之路长达数千年的繁荣为中西方的文化技术交流做出了巨大而深远的贡献，这期间中西方的物质文化与精神文化交流空前地频繁与繁荣。元代的海

上丝绸之路已远远超越了商业的范畴，成为东西方全方位交流的大动脉，海上丝绸之路上的中西文化交流达到了一个顶峰。

早在张骞通西域之前，丝绸就已经大量转运到了西方世界。在古代罗马，丝绸制的服装成为当时贵族们的高雅时髦装束。当时的罗马人将中国人称为赛里斯（Seres）人，而赛里斯在罗马文中的意思，正是指丝绸，而中国也被称为丝国。物质文化的交流总是双向的，中国奉献给西方世界以精美实用的丝绸，欧亚各国人民也同样回报了中国各种有益的需求品，例如苜蓿和葡萄等物产。此外，罗马的玻璃器，西域的乐舞、杂技，西亚、中亚的音乐、舞蹈、饮食、服饰等，大量传入中国。

在物质文化交流的同时，自古而来，通过丝绸之路的精神文化交流也在不断地进行。

岭南作为外来宗教经海路传入中国的"西来初地"，多种宗教文化汇融于此，对岭南文化和社会产生了深远的影响。岭南地区尤其广州是中国外来佛法东渐中国的第一站。随着汉代海上丝绸之路的开辟，至六朝时期，大量海外高僧随海舶进入岭南传法建寺，岭南重要的佛教寺庙景观大多源于此时。西晋武帝时，西天竺（今印度及印度次大陆一带）梵僧迦摩罗在广州创建广东最早的寺院——三归寺和王仁寺。东晋隆安年间，罽宾国（今克什米尔）高僧昙摩耶舍至广州，首创王园寺（今光孝寺）。梁武帝初，梵僧智药三藏经广州北上曲江曹溪水口，开山立石，建宝林寺（今南华寺）。梁武帝中，禅宗始祖菩提达摩沿海路至广州，建西来庵（今华林寺）。

六朝时期，由于岭南地处海上丝绸之路要冲，梵僧往来，佛寺繁兴，名僧居士聚集，以至岭南佛教大兴。广东各地先后兴建大小寺院 87 所之多，其中，广州城 19 所，① 形成了以广州为中心的佛教文化高地。隋唐时期，政府大力宣扬佛教，寺院兴建不减于前，成为这一时期重要的佛教文化景观。如唐代广州的开元寺、宝严寺，潮州的开元寺，西江流域的白云寺、香山寺、峡山寺、龙山寺、国恩寺，佛山的塔坡寺，海康的天宁寺，阳江的石觉寺，乳源的大觉禅寺，梅州的灵光寺，罗浮山的华首寺、明月寺，海南岛振州的大云寺、儋州的开元寺和崖州的开元寺等。特别是六祖惠能结合岭南文化"知人心"的思想，在曲江南华寺创立了南宗顿教，强调"明心见性"的禅宗教义，使禅宗更易于为社会接受。

同时，在隋唐时期，经海道入居广州的阿拉伯人和波斯人日益增多，到

---

① 参见司徒尚纪《中国南海海洋文化》，中山大学出版社 2009 年版，第 187—188 页。

唐宋时代，官府在城外专门划出一地段，作为穆斯林等海外侨民的聚居空间，成为他们在广州的新家园，称为"蕃坊"。宋元时期，入居的穆斯林人数更多，除广州外，还分布于岭南其他地区。由此带来了伊斯兰教文化在岭南传播的盛景，并留下了清真先贤古墓、怀圣寺和光塔等文化景观。在广州"蕃坊"周围形成伊斯兰教文化的地名景观群，至今仍保留有伊斯兰教文化和贸易的印记，如大市街（今惠福路，大食街变音）、诗书街（狮子街音译）、象牙巷、玛瑙巷、玳瑁巷、甜水巷和光塔路等。基督教早在唐代就进入岭南，被称为"景教"，而天主教和基督教的大规模传入是在明清时期。16世纪欧洲传教士随着商人、冒险家沿海路来到岭南，拉开了中国"西风东渐"的序幕。1541年耶稣会教士圣方济各·沙勿略就到达广东上川岛，这是最早来华的天主教传教士。直到明中叶以后，天主教首先传入岭南，继而为基督教。前者以意大利人利玛窦、后者以英国人马礼逊为早期代表人物，他们分别于明末和清中叶从澳门进入肇庆和广州传教，岭南成为"西风东渐"和"中学西渐"的窗口。伴随着近代西方科学文化知识的传入，广东成为中国近代工业和革命的策源地。同时，在广州、澳门等地聚集的形形色色的商人、传教士、旅行家等，通过书信向其国内介绍"中国印象"，将中国经典古籍翻译介绍至西方，推动了欧美的汉学研究。

随着岭南海上丝绸之路的兴盛，与航海有关的民间宗教及其神祇也应运而生且不断被建构。广州南海神庙建于隋开皇年间，唐代以后，岭南海上贸易的隆盛，赋予了南海神庙特殊的地位。从唐代至清代，南海神多次被朝廷祭祀和加封，彰显了其作为广州港和海上贸易的保护神的重要意义。南海神崇拜也扩布至岭南各地，成为地域性神祇，延续至今。广州南海神庙所祭祀神祇，除了南海神广利王祝融，还有南天竺人达奚司空，南朝梁时期，他作为摩揭陀国使者来广州，坐寂于西来庵，南海神庙加奉其佛法像，被地方文化赋予其神圣性，达奚司空遂成为一位中国海神，是海上丝绸之路中外文化融汇的见证。与航海有关的民间宗教还有遍布岭南沿海乃至世界华人圈的妈祖崇拜，以及北帝、龙母、雨神、雷神和众多的地域性神祇，反映出岭南民间宗教文化的海洋性特点。

海上丝绸之路从最初的商业交往通道发展成为政治、文化、军事、科技和艺术等方面交流的渠道，更是一座连接东西方文明的友谊桥梁，把世界上众多国家和地区紧密联系在一起，促进了各国间的友好交往，而21世纪海上丝绸之路又将带来什么样的成就与辉煌，万众瞩目。

第一章
广东三大民系的形成

第一节 三大民系的形成

一、古代移民背景

岭南地处我国南疆边陲，北枕五岭、南临大海。横亘北部的五岭山地，在交通落后的古代是一道难以跨越的巨大屏障，极大地限制了古代岭南与中原的沟通，使岭南地区形成一个相对独立的自然地理单元。由于岭南地处偏远，远离中原王朝统治的核心地带，社会环境相对安定，再加上岭南社会经济落后，开发潜力大，因而常成为北方人口逃避战乱的理想场所。古代移民岭南的原因主要有：被中央统治者派往边疆戍守、被政治流放、避乱流寓、仕宦任职和贸易买办等。秦代的移民主要是大规模的秦军和戍守之士及被迫迁去与越杂处的中原平民。他们不但在岭南担负着征战戍边的任务，还起着充实开发边区的作用。秦以后几个朝代的移民，主要是为了逃避战乱而被迫迁移。如西汉、东汉都将岭南作为流放犯罪官员及其家属的场所。西汉末年和东汉末年是人口流动较大的时期。这是由于中原地区战祸连年，而远在南方边疆的岭南地区，相对来说社会稳定，自然会吸引部分中原人举家南下，避难岭南，从而成为当地的长住居民。古代的岭南，盛产各种奇珍异宝，诸如珠玑、玛瑙、玳瑁、象牙、犀角、宝石、美玉和名贵香料等，成为岭南人向中原统治者进贡的珍品，并吸引了大量商人来岭南进行贸易。因此，秦汉之后，南下岭南的移民不断增多，并形成了多次移民高潮。其中，规模和影响最大的三次是西晋永嘉之乱后至南朝时期、唐朝安史之乱后至五代时期以及靖康之乱后至元朝。此外，还有很多陆陆续续小规模、小区域的移民，每一次的移民活动中都有相当一部分北人到达岭南地区，给岭南的开发注入了新的活力，促进了岭南文明新的进步和发展。

二、古代移民的迁徙历程

广东位于中国的东南沿海，古称百越。因为地处亚热带，气候闷热潮湿，故古代岭南瘴疠多生，虫蛇满地，是南蛮之地。广东经历了从古时的荒蛮之地，到近代的通商之港，再到中国改革开放以后经济发展最为迅猛的地方的变迁。

秦灭楚之后，南征百越之地，在"西瓯"（即漓江、浔江和西江交汇处）一带遇到顽强的抵抗，相持6年之久。"西瓯"土著善水战，屡败秦军，杀其统帅屠睢。为了保证大军的及时增援以及粮草的运送，秦军在湘江与漓江上游之间开凿灵渠，形成一条"湘桂水道"。秦始皇三十三年（前214），秦军基本占领"百越"之地，设置南海、桂林、象三郡，并征发原六国的逃亡者以及赘婿、贾人为"垦卒"，迁至岭南。为便于对岭南的控制以及迁徙的顺利进行，秦始皇三十四年（前215）又在湘江与贺江上游之间的富川修通一条新道。此后，"湘桂水道"和"富川新道"便成为中原汉人进入岭南的两条主要通道。由这两条通道进入岭南的"垦卒"，便是历史上最早的一批汉族移民。

元鼎六年（前111）西汉灭南越国，将岭南分为九郡（后改为七郡），又设"交趾刺史部"监察各郡，"交趾刺史部"治所最初在赢（今属越南），不久便迁至广信（今广东封开县封川镇及广西梧州市一部分）。广信处于漓江、贺江与西江汇合之处，扼西江之要冲，沿江向东可抵番禺，溯江向西可抵南宁，向北则可通过漓江、贺江经湘桂水道或富川新道直抵中原，交通较为便利，于是成为汉族移民聚居之地。西汉末年，王莽乱世，因避乱而迁居广信一带的汉族移民更多。据统计，西汉时苍梧郡有24 379户，人口14万人；到东汉增至111 395户，人口46万人。这个地区人口激增，显然是汉族移民定居的结果。在两汉时期定居广信的汉族移民中，出现了一批声望颇高的文人学者。当时中原先有黄巾起义，后有军阀混战，不少中原文人为避乱并慕名前来依附。赤壁之战后，东吴政权为了巩固后方，重修在南越国被攻陷时遭到破坏的番禺城，于东汉建安二十二年（217）迁交州州治至此。东吴永安七年（264），又将南海、苍梧、郁林、合浦四郡从交州划出，另设广州，州治番禺。岭南的政治、经济、文化中心从广信转移到番禺，汉族移民的势力也就向西江下游及珠江三角洲一带扩展。西晋永嘉年间，中原发生"八王之乱"，继而又有"五胡乱华"，中原汉人大量南迁。广州晋墓砖铭文云："永嘉世，九州荒；余广州，平且康。"① 可见当时广东已成为中原汉人避乱的好地方。东汉末年，东吴政权控制岭南，福建与广东之间的往来日益

---

① 〔清〕阮元等《广东通志·金石略》，四库本。

频繁,粤东海道成为汉族移民进入广东的一条重要通道。这些汉族移民大部分定居于粤东潮汕平原,有的继续由海道西行,落脚于粤中和粤西南的沿海地区。潮汕平原和雷州半岛成为来自福建的汉族移民的主要聚居之地,同样是在汉人南迁的历史过程中形成的,但其来源主要是古代中原东部至华东沿海一带的移民。

开元四年(716),张九龄召集民夫在大庾岭开凿了一条新路,史称"横浦之道"。此后,横浦之道便取代湘桂水路和富川新道而成为五岭南北的主要通道。唐末战乱至五代十国时期,大批汉人便通过横浦之道进入广东。这些汉族移民首先落脚于珠玑巷,然后有一部分南下直抵珠江三角洲,大部分则定居于当时还地广人稀的粤北以及粤东北地区。据北宋太平兴国至元丰这百年间的户籍统计,地处大庾岭南侧的南雄州由 8 363 户增至 20 889 户,增长率约 150%;粤东北的梅州由 1 577 户猛增至 12 890 户,增长 7 倍多。粤北和粤东北地区人口的剧增,显然是大批汉族移民定居所致。北宋末年至南宋,汉人南迁的势头更是有增无减。与此同时,大庾岭北部的赣南地区发展也很快,这部分汉族移民大多数来自中原河洛一带,史称"客家人"。

元朝之后,中国还出现过几次由北而南的移民潮。但由于广东境内的广府、潮汕、客家三大民系已经形成较为稳定的特色并在各自通行的地域具有一定的优势,新迁入的汉族移民只得"入乡随俗"。汉族移民的不断进入,也使广府、潮汕、客家三大民系原来的分布格局逐渐发生改变。

三、广东三大民系

20 世纪 30 年代,罗香林提出广东"三大民系"及"广府人"的概念。因广府、潮汕和客家人在语言、价值观念及行为习俗等方面的文化特征十分显著,形成了自我认同感十分强烈的亚文化圈,加之"潮汕人""客家人"等概念范畴十分明晰,因此沿用这一说法。

广东汉族主要由广府、潮汕(一作福佬)和客家三大民系等组成,以其所操语言为主要划分标志,广东三大民系的语言分别为粤方言(简称粤语)、潮汕方言(简称潮语)和客家方言。自秦征岭南,唐、五代、宋至明、清,汉族人口不断移入广东,尤其是经过两晋、两宋、明末三次移民高潮,使广东境内大部分地区为汉族所聚居。这些移民除来自中原地区,还包括楚、吴越、闽等岭北地区。汉族人民移入广东,一是秦汉以后,沿粤北南岭隘口,经北江南下,分布在北江、西江中下游及珠江三角洲。由此路移入人口较早,以宋代迁入最多,以广州为中心,属广府民系;广府人主要分布在珠江三角洲及粤北、粤西等地。二是从东部福建沿海移入,并向粤西海岸移动,分布在雷州半岛,以宋末移民最多,以韩江三角洲为中心,属潮汕民系;潮汕人主要在粤东之东南部即清代潮州府主要辖境,粤西沿海各县市居民所操之雷州话,与潮语接近,同属闽方言,故权将其归入潮汕民系。三是来自中原诸省,分布在粤北和粤东山区,以明代移入最多,以北江上游及梅县为中心,属客家民系;客家人相对分散,其中心在粤东的东北部各县市和粤北山区,粤中、粤西各县市的山区也有零散的分布。

据历史记载,中国南方古老的原住民主要是百越、荆蛮族群,汉族不是广东的土著民族,其今日的分布状况是历史发展的结果。广东汉族以粤地土著古越族(也称百越)融合于汉族的族体为基础,然后经过漫长的再融合和汇聚吸纳而逐渐形成地域性的人们共同体。广府人主要由早期中原汉族移民与本地古越族杂处同化而成。客家先民,来自中原移民,在南迁过程中与本地原住民族融合而形成客家民系。汉族向南扩张主要源于北方汉族人群自北向南的迁徙,在这一过程中,汉族与南方原住民族间存在基因交流而混合有一定程度的南方原住民族血统。由于历史上的种种原因,三大民系的人民长期各自保持其生活习俗、文化意识和性格特征,共同构成了广东文化丰富多彩、千姿百态的风情魅力,并以其各自的优势,促进了岭南文化的发展。但是,三大民系的形成,有各自不同的历史背景、自然环境、文化基因、经济条件,加上语言不通,彼此之间长期缺乏正常的交往沟通,不仅民系之间社会经济、精神文化的发展极不平衡,即使是同一民系,边远山区与沿海平原地区也有较大差距。

(一)广府民系

广府民系的得名源自立于西江水域的"广信"。西江是孕育了汉民族一个重要民系——广府民系的摇篮,广府民系是由古越人和南迁的中原移民融合而成的岭南最早的居民共同体,操粤方言,主要居住在珠江三角洲和粤中、粤西一带。从西汉中期至东汉末年,中原一大批汉人移居于此,带来了汉代的雅言、汉代的文化与粤地土著南越和西瓯即百越的部分族人融合发展,成为汉朝的编民,从而形成了汉民族在南方的一支最古老、人口最多的民系,这便是"粤人",也就是广府民系。广府民系是广东汉族最早的成分,出现于西汉中期。随着南海丝路的开拓和在世界占据重要地位,岭南在国内地位渐高,南人、粤人的自豪感逐渐加强,这成为广府人身份意识的重要根基。

广府民系踞漫长的南海岸线，广府人是"喝咸水长大的"，有着开拓南海丝路的三千年历史，积淀着深厚的海洋文化和集体记忆。这独特的环境，影响着人们的群体心态、性格特征和风俗习惯。广府人的精神发展，在古代是在五岭和南海双重因素的制约下形成的，是在内陆农业文化与海洋文化的夹缝中发生和发展起来的。中国沿海各省大都背靠一马平川的陆地，多数还地近或毗邻中原，中央集权政府管束很严，重农抑商的正统文化发达。而广府人"山高皇帝远"，闯荡海洋，造就了海的儿子海外开拓、进取的价值倾向。广府人商品意识和价值观念较强，精明能干，善于计算，创造了珠江三角洲多元化农业商品经济，以广府人为主干的"广帮商人"在清中期就已闻名全国。广府人在长期耕海和开拓中国海上丝绸之路——南海丝路的实践中凝成的海洋意识、民性和品格特征，作为一种深层的文化本根，生长出开放、多元、冒险和敢为人先等文化精神。19世纪初，中国问题专家梅多斯描述广州人是"中国的盎格鲁－撒克逊人"，即认定要做的事非常专心，不容妨碍，不达目标绝不罢休。珠江三角洲得天独厚的自然条件使得广州在19世纪中叶就已发展成为具有世界级影响的华南商品交易中心。长期的海外经商，使广府人视野开阔，恋土情结没有内陆种族那么强烈，养成了"浮家泛宅"、四海为家的品性，这是造就广东华侨人数在国内竟占2/3，华侨文化最为发达的原因。广府人由于最早受到海外尤其是近代西方先进文化思想的影响，得风气之先，加上强悍的民性，冒险、创新的气质，因而反抗性和斗争性也特别强烈。在中国近代史上，精英辈出，在推翻封建帝制、建立一个崭新的中国以及改革开放、发展经济中，"敢为天下先"的最为宝贵的性格特征展露无遗。

广府文化，即汉族广府民系的文化，在各个领域中常被作为粤文化的代称，以珠江三角洲最为突出，既有古南越遗传，又受中原汉文化哺育，更受西方文化及殖民地畸形经济因素影响，具有多元的层次和构成因素。它是发源于古代中原，以广州、香港为核心，以珠江三角洲为通行范围，以广东、广西、海南为流行区域的粤语文化。由于粤语区有着庞大的海外移民，故广府文化也在北美洲、英国、北欧、澳大利亚、新西兰、东南亚等区域广泛流行。广府文化的中心城市广州，自古以来是广东乃至岭南区域的政治、经济和文化中心。在建筑、艺术、宗教、戏剧、音乐、文学、绘画、工艺、饮食、园林、风俗等文化领域，处处表现出悠久的历史渊源和鲜明的个性，给人以多层次的、立体的和丰富的感受，使广府文化在广东各民系文化中占有优越的地位。

（二）潮汕民系

西晋末年中原人大规模南迁，东晋南朝部分北方移民从福建南部进入韩江流域，在潮阳、揭阳等地定居，与古闽越（东越）后裔融合，逐渐形成汉族的一支——潮汕民系，其文化特质既有别于作为南越遗裔的广府民系，更与自称为中原汉族世胄的客家民系迥异，具有丰富的风俗文化内涵，且对东南亚诸岛土著文化产生过显著影响，乃广东风俗文化的一个重要群落。黄淑娉等学者[①]对三大民系的体质人类学研究发现，潮汕人的基因库里含有的中原汉族遗传成分较多，[②] 从其语言、文化、习俗角度考察认为该人群是目前中国古汉族文化继承保存得最好的人群。[③]

潮汕地区有漫长的海岸线、众多的岛屿、优良的港口，具备发展海外贸易的先天条件。据记载，唐宋时期已有不少的番商来到韩江三角洲从事贸易活动，"任番商列肆而市"[④]，"番商满载潮州陶瓷，乘槎浮海而去"。唐代潮州已发展成"岭南大郡"，是粤东最大城市。宋代除了广州是第一大港之外，粤东的潮州也是一个航船出入频繁的港口，《宋史·三佛齐列传》载"潮州言，三佛齐国蕃商李甫海，乘舶船载香药、犀角、象牙至海口，会风势不便，飘船六十日至潮州，其香药悉送广州"。当时潮州的港口是凤岭港，此港有"粤东襟喉，潮州门户"之称。被恩格斯盛赞为远东地区"唯一有点商业意义的口岸"的汕头，商业繁盛，港口吞吐量居全国前列，是国内外著名的商埠。特殊的地理位置和海贸的繁荣促成了潮汕地区有别于其他内地文化的经商传统。清中叶著称一时的广帮商人，主要由广州帮和潮州帮商人组成；粤商包括潮州帮（潮商）、广府帮、客家帮，其中潮商与徽商、晋商，是中国历史上著名的"三大商帮"。潮州帮商人在国内的东南沿海及江西一带生意做得很大，在泰国、新加坡一带颇有势力。强烈的商品意识，是潮汕人颇具优势的文化潜质，使他们在改革开放时期足迹遍及城乡，渗透各行各业，特别活跃，故早在20世纪初便被誉为"东方犹太人"。

潮汕民系居民早期居住的福建及广东潮汕地区，地狭人稠，人口、资源和环境压力很大，据《潮州志》的统计，从福建移居潮州的家族有62个。

---

① 黄淑娉《广东汉族三大民系的文化特征》，《广西大学学报》（哲学社会科学版）1998年第6期，第68、69页。
② 黄挺《潮汕文化源流》，广东高等教育出版社1999年版，第1—71页。
③ 黄赞发《潮汕先民与先贤》，汕头大学出版社2000年版，第1—30页。
④ 〔唐〕韦光闻《进岭南王馆市舶使院图表》，见〔宋〕李昉等《文苑英华》卷六一三，四库本。

明初至清朝中叶，因人口增加而潮州地狭，部分潮汕人向西迁移到雷州半岛、海南岛沿海，甚至远迁东南亚。他们不断地出外谋生并往外迁移，培养了较强的商品意识；他们有极强的适应能力、竞争力和内部凝聚力，善于适应环境、拼搏创业、精诚团结；他们性格刚强、精明、重乡情，讲义气，宗族观念很强，崇尚儒学。潮汕人自古就有经商的传统，重商，潮州帮已经兴旺了 500 年。潮汕人敢于闯荡、善于经商，以"爱拼才会赢"为座右铭，他们在各大领域尤其是商界成就显著。

潮汕人以说潮汕话为荣，在广东身处广府话和客家话两大强势方言，以及官方普通话的夹击下，潮汕话丝毫没有出现衰退现象。在语言学系谱中，潮汕话属于汉藏语系的汉语语族中的闽语语群内的闽南语支，一般学术文献称之为"潮州话"。由于民国时期以及中华人民共和国成立后的各种行政改革，旧时的"潮州府"逐渐划分为现今的潮、汕、揭三市，所以"潮汕话"这一称呼也渐渐深入人心。从文化逻辑的角度看，潮汕话属于闽南语的分支，而且潮汕话能与多数闽南语的其他方言沟通。潮汕文化是一种以潮汕地区为主体的地域性群体文化。它起源于先秦，成型于秦汉，发展于唐宋，成熟于明清，创新于近代，在发展过程中，不断吸收各种文化，逐渐形成了独具特色的文化风格和内涵。

秦汉以后，汉文化向岭东扩展。晋唐时期，中原主流文化的影响逐渐扩大，陈元光平定泉潮间蛮僚啸乱、韩愈谪任潮州刺史，是这一时期的重要事件。宋元时期，大量移民入潮，闽文化北来，使潮汕地区得到全面开发，是潮汕文化形成的重要环节。明清时期，最终形成有鲜明特征的潮汕民系文化。此外，潮汕文化有着显著的海洋文化特征，潮汕人的足迹踏遍海内外，尤其是广东、福建和东南亚地区。潮汕文化是中华文化中的一支独特的地域文化。潮汕人以"海纳百川""自强不息"和"精益求精"的精神闻名于世。潮汕文化自成一体，可以说是中国汉族各族群的奇迹。

(三) 客家民系

客家是汉民族的一个重要民系，是中国历史上移民运动的产物。客家源流始于秦征岭南融百越时期，历魏、晋、南北朝、唐、宋，由于战乱或灾荒等原因，他们逐步往江南，再往闽、粤、赣边地区生活，并逐渐与当地土著和少数民族相融合，成为闽、粤、赣边的客家先民。经过漫长的融合发展，南迁汉人在人数、经济、文化上逐渐占优势，他们融合了当地土著和少数民族，形成了客家文化和客家民系。罗香林在《客家源流考》一书中指出：

"福佬、客家、本地（又称广府）者名称的起源，虽不在同一时代，然其民系的形成，则大体皆在唐末至宋初（五代在内）。"[①] 他还说道："客家先祖东晋以后开始南迁，远者到达今江西中部和南部，近者到达颍、淮、汝、汉诸水间，在唐末黄巢起义以后及五代时期再迁入闽、赣二省边的汀、赣二州，于五代宋初形成民系。"[②] 中原汉人、客家先民及客家人在历史上曾先后经历五次较大规模的南迁运动。在客家民系形成之前就有过"秦戍五岭"和中原汉人的两次南迁运动。有学者认为客家南徙共分五期。第一期是东晋至隋唐，从河南、山西迁至长江南北岸；第二期是唐末至宋，从河南、皖北迁入江西，再徙入闽南、粤北；后三期是前两期已经在南方落户的移民再次南迁他处。南宋之后，汀、赣人口向粤东北转移，在闽、粤、赣区域形成客家聚居地，是播迁发展过程中一个具有标志性的事件。汀、赣人口大规模迁入，从根本上改变了梅州和循州（今河源惠州等地）一带居民的格局。居住在赣中、赣北的大批南迁汉人或其后裔进入闽、粤、赣边，从根本上改变了人口格局，只有南迁汉人占据优势才融合了当地原住民形成客家民系。大批南迁汉人进入闽、粤、赣边的年代，是形成客家民系的年代，也是认同汉族客家民系的关键所在。据此认为，形成汉族客家民系的年代是唐末五代到宋末元初。

客家人和其他民族民系的形成和发展一样，是一个历史过程。赣、汀、惠三州及这三江流域在客家人形成发展中各自起着不可取代的作用，赣州和赣江流域是客家人形成的摇篮；汀州与汀江流域是客家先民初步转变为客家人之地；惠州及东江流域是客家人最终形成、完善与兴旺发达之地。客家民系最迟在南宋形成相对稳定的族群。而后，客家人又往南方各省乃至东南亚以及世界各地迁徙，并最终成为汉民族中一支遍布全球且人文特异的重要民系族群。

由于南迁入粤较迟，平原的肥沃地带已被当地人和先期移民占据，故客家人多处闭塞贫困的山区，有"逢山必有客，无客不住山"之俗语，非艰苦奋斗无以图存。在长期的迁移中，客家人养成了一种刻苦耐劳、自立自强、坚守家园的淳朴民风。客家人与国家宗族制度、主流意识形态保持一致，在保证国家赋役征收、遵守国家制度、维护大家庭稳定、承担基础设施建设、大力兴学、鼓励读书和参加科举等方面呼应国家宗族制度。因为在历史上的

---

① 罗香林《客家源流考》，中国华侨出版社1989年版，第340页。
② 罗香林《客家研究导论》，希山书藏发行，1933年版，第71-72页。

多次迁移中，都是整个家族集体迁徙，以封闭式的生活为主，因而客家人的家族观念特别强固，由此不难理解闽、粤、赣边地虽然是崇山峻岭的山区，却出现了客家人兴建的各类大型民居土楼、土堡（闽西北、闽中地区早于土楼的防御性大型民居）、围龙屋，宗祠林立等现象。明末清初时期，迁居深圳的客家人越来越多。这些客家人在迁入深圳后带去了其原住地的客家文化和建筑式样及建筑技术，形成了一个个客家民居聚落，具有其独特的建筑特色。

客家人保持着较多的从中原到江南的生活方式和生产方式，以及刻苦、刚毅、开拓进取、团结奋斗的精神，都有很鲜明的表现。不同于广府人、潮汕人的重商意识，客家人最大的特点是崇尚读书，外出求学蔚为社会风气，其聚居地有"文化之乡"之称。历史上客家民系涌现了不少杰出人物。客家文化的主要文化特征是既继承了古代正统汉族文化，又融合了畲族文化、百越文化等岭南土著文化，进而形成了岭南文化中独具魅力的客家文化，既具有汉民族特点，又受到山区少数民族影响。客家人非常团结合作，在中国大陆多居于闽、粤、赣地区，有浓厚的丘陵文化特色，客家人也因此被称为"丘陵上的民族"。《辞海》在"客家"条目载："相传西晋永嘉年间（4世纪初），黄河流域的一部分汉人因战乱南徙渡江，至唐末（9世纪末）以及南宋末（13世纪末）又大批过江南下至赣、闽以及粤东、粤北等地，被称为'客家'，以别于当地原来的居民，以后遂相沿而成为这部分汉人的通称。"一般的看法是，"客家"之称源于清朝初年的一次大规模族群土客械斗，是由当时在广东西部江门地区时称四邑以"地主"自居的四邑民系等冠予客家的，是一个他称。

客家是南方讲客家话的特殊汉族民系，客家人忠于自己的母方言，南迁以后没有改说南方其他方言，他们的主要交流语言是客家话。客家话至今仍作为古代汉语的"活化石"而流行于粤东、闽西和赣南等客家地区，并成为现代汉语中一个独立的方言系统。客家方言在广东诸方言中与普通话差异最小，反映出客家民系形成时间最迟。这种独特的方言系统的最终形成，也是客家民系形成的一个重要标志。

第二节　移民对岭南的影响

随着秦对岭南的征服和统一，郡县其地，移民涌入，岭南地区的历史翻开了新的一页。《水经注·浪水》云："秦并天下，略定扬越，置东南一尉，西北一侯，开南海以谪徙民。"移民意味着劳力资源和文明信息的输入，因而促进了这块深株丛薄、烟瘴弥漫的岭南地区的开发。

从秦军戍五岭起，中原士民迁入岭南就未曾间断。各代移民，也是沿着秦汉时期的路线进入岭南地区，把当时仍然处在先进地位的中原文明源源不断地带到岭南，促进了该地区各方面的进一步发展。较大规模的移民，则在南宋高宗（赵构）建炎年间、宋季元初和元末明初。在这三个时期，北方士民成群结队地南徙，或举族南迁。他们经大庾岭道进南雄，再顺北江南下珠江三角洲等地。今之南海、番禺、顺德、香山、东莞和新会六县是其最集中的迁移地。中原华夏族（汉代之后称汉族）入粤约始于西周中期，其后，南来的中原人不断增多，给岭南地区带去了充裕的劳动力，带去了北方先进的生产工具、耕作方法、生产技术和生活用器，以及中原的语言和礼俗，使岭南地区得到了初步开发。到东汉中后期，岭南与中原地区的经济差距逐渐缩小，迅速成为一个颇具特色的新兴经济区。移民的南迁对岭南地区社会发展的影响主要表现在以下几个方面：

移民的到来，曾极大地促进了岭南经济的发展，他们在当地的经济开发和社会发展中起了不可估量的作用。不仅为岭南注入了大量的劳动力，带来了先进的生产工具和技术，尤其是铁制农具和牛耕技术的大量引进，对岭南尚处于"火耕水耨"的粗放型农业的改进意义甚大，促进了岭南农业的发展。

岭南的手工业也有新的发展，不但手工业部门增多，手工业制品在保留地方特点的基础上，还更多地吸收了中原的先进生产技术，达到了一个新的高度。从考古出土文物看，当时的手工业部门，除铜器和陶瓷器制造业外，还有漆器、玉器、金器、银器、竹木器等，造船业也在迅速兴起。广州出土的秦汉漆器，工艺水平相当高，有造型新颖、工艺精巧的镶玉三足漆杯，还有一椭圆形漆盒，盖面正中烙印有"番禺"二字，为秦代小篆体。

随着岭南地区农产品和手工业制品生产数量的增多,交通的拓展也加速了岭南与全国各地的货物交流、经济交往,岭南的商业得到更快的发展,同时对外贸易也开始兴起并显示出蓬勃发展的势头。秦汉时期岭南商业的发展与南下的中原移民有着重要关系。这是由于在中原传统的重农抑商政策的作用下,许多商人被流放到岭南,较之中原长期的抑商政策,岭南地区却有着宽松的商品自由贸易环境。岭南地区物产丰富,有着良好的商业贸易基础。在与中原的商品贸易中,以土特产中的奢侈品为主,最主要的是珍珠、犀角、犀革、象齿、玳瑁这五种珍产。《史记·货殖列传》记载:"江南出犀、玳瑁、珠玑、齿革。"《汉书·地理志》也说:"(粤地)处近海,多犀、象、毒冒、珠玑、银、铜、果、布之凑。中国往商贾者多取富焉。番禺,其一都会也。"在民间贸易交往中,岭南的一些特产,如食盐、水果、葛布、珠玑、犀角、珍珠、象齿、玳瑁、翡翠等通过商人源源不断地输入中原各地。据史料记载,汉代岭南地区输入中原内地的经济作物仅柑、橘、甘蔗、姜、桂、千岁子、荔枝等各种瓜果蔬菜,品种约二三十种,从而使"岭南佳果"名扬九州,饮誉中原。南北贸易的兴旺,致使许多"中国往商贾者多取富焉"。

岭南的对外贸易,是全国发展最早的地区之一。岭南濒南海,陆路与南亚如印度各国毗邻,是中原通向东南亚的必经之道,所以外贸活动频繁。秦汉时期,国际贸易的发展就已经使岭南与不少国家发生了较密切的联系。促使其对外贸易发展的原因是多方面的,其中之一是皇室贵族对奇珍异宝的疯狂追求。自武帝平定南越后,汉朝廷就竭尽全力搜罗岭南的奇珍异宝,地方官吏竞事奉献,后来甚至加派租赋来向民众勒索财物:"县官羁縻,示令威服。田户之租赋,裁取供办,贵致远珍名珠、香药、象牙、犀角、瑇瑁、珊瑚、琉璃、鹦鹉、翡翠、孔雀,奇物充备宝玩,不必仰其赋入,以益中国也。"① 这时形成了一批商业化城市,如番禺(今广东广州)、龙编(今越南河内东)、徐闻(今广东徐闻)、合浦(今广西合浦)等,是岭南商业发展的主要标志之一,其中番禺成为西汉时除国都长安外全国八大工商业都会之一。

中国的移民活动已有两千多年的历史,对固边安疆、强兵足食、调节人口、发展生产等有重大作用,尤其是在古代,由于交通落后,传播手段和传播媒介有限,移民更是成为人类文化传播和技术交流的主要途径,是造成文化移动,促进民族融合,推动社会生产发展的一支重要力量。广东汉族就是

---

① 〔宋〕王钦若等《册府元龟》卷四七〇《秦议》,四库本。

以广府民系、潮汕民系和客家民系的古代移民为基础，继续融合百越的后裔俚人及广东境内其他少数民族或其他种族，以及不断吸纳来自全国各地的汉族而逐渐发展起来的。此外，广东自宋代开始，已有少数商人出外经商而定居国外成为海外移民。明代广东的海外移民规模有所扩大，主要移居到东南亚国家。清代广东向海外移民逐渐形成高潮。康熙二十三年（1864），官府准许民人出海贸易，此后，随商船出海移居外国或偷渡到外国的广东人日益增多，为南洋多个国家和地区的经济开发做出了贡献。

第二章
海外经济交流与民间中西往来

第一节 广东海外贸易的历史演进

一、海外贸易的历史背景

中国是一个半海洋半内陆的国家。中华民族的历史，是一部由北而南不断移植、扩展的历史。如果说其经济重心和内陆城市的兴起是从北而渐南移动的话，那么海上交通贸易的发展和港市的兴起，却是逐步由南向北扩展的。从秦汉起，中国海上贸易的主要对象是南海诸国。因此，海上贸易发端于南方，交陇（今越南河内附近的龙编）、徐闻、合浦、番禺（今广州）等港市随之兴起。广州作为中国海贸的主要港口，是以中国各个经济中心点以及南海各地，乃至印度、西亚、东非沿岸主要商埠为其贸易腹地的，珠江三角洲在明代进入了全面深入的开发期。兴修水利、围垦沙田的速度愈加迅速，商品性农业开始抬头。当地的土特产，通过三角洲的河网运入市场。自明中叶起，由于市场力量的刺激，尤其是从粤商开辟马尼拉生丝市场，并与西班牙商人共同开辟通往墨西哥的太平洋丝路之后，在国际市场取向的影响下，农业商业的势头日益炽烈。

二、海外贸易的历史演进

广东的远古先民早已有关于从事海上贸易活动的记载。《汉书·地理志》描述了粤出口船舶："自合浦徐闻南入海"，"自日南障塞、徐闻、合浦船行"之路线，以及黄支国"入海市明珠、璧流离、奇石异物"与蛮夷贾船贸易的盛况。《后汉书·大秦国列传》有大秦"与安息、天竺交市于海中，利有十倍"等关于广东海外贸易最早的记载。

古代欧洲人称中国为丝国，因有特产丝绸，中国很早就名扬世界。但海上丝绸之路不仅仅是丝绸的贸易，还有香料、瓷器、茶叶和国外的象牙、犀角、琥珀、玛瑙等，所以，丝绸之路也叫"香料之路""瓷器之路"。一般认为，海上丝绸之路兴起和形成于汉代，在魏晋南北朝得到初步发展，繁盛于隋唐五代，宋元时期达到鼎盛，明清时期持续发展。① 鸦片战争以后，尽管中国海上交通和对外贸易并未中断，而且借西人东来殖民反而更加畅达和兴盛，但中西之间贸易关系的性质已发生了根本变化。"海上丝绸之路"由此衰落，被西方殖民贸易活动所取代。② 所以，"海上丝绸之路"的时间断面止于鸦片战争前。可见，"海上丝绸之路"的时间厚度是自汉代以来至鸦片战争之前连续的时间过程。海上丝绸之路从中国沿海地区，经今东南亚、斯里兰卡、印度等地，抵达红海、地中海和非洲东海岸，南海则是海上丝绸之路的咽喉。岭南由于濒临南海的特殊地理区位，成为海上丝绸之路的始发地以及中国古代对外贸易的核心区域，海上丝绸之路对岭南区域的发展产生了深远的影响。在中国历史上，秦汉时期和印度地区、唐宋时期和阿拉伯地区、明清时期和欧美地区等三次大规模的对外经济文化交流均以广州为主要基地。

（一）先秦和秦汉时期的海上丝绸之路

中国是一个半内陆半海洋的国家，海岸线长达一万八千多公里，为海外贸易提供了广阔的天地。从海上丝绸之路发展的历史来看，中国原始航海活动始于新石器时代，尤其是岭南地区，濒临南海和太平洋，海岸线长，大小岛屿星罗棋布。早在四五千年前的新石器时代，居住在南海之滨的南越先民就已经使用平底小舟，从事海上渔业生产。海外贸易的起源甚早，其发祥地则在广东。据战国时期著作《逸周书》记载，伊尹奉商王汤（前1766—前1754在位）之命，定"四方献令"曰："正南……请令以珠玑、瑇瑁、象齿、文犀、翠羽、菌鹤、短狗为献。"正南出产珠玑、瑇瑁（玳瑁）者正是南海。依记载所知，殷商控制的南方地区已与南海地区发生贸易关系。1989年珠海高栏岛发现的相当于春秋时期的摩崖石刻，图案中有众多舟船造型，展现了"海船一体""天船一体"境界及对海洋保护的祈祷仪式。这副石刻被公认为先秦古越人航海活动的有力证据。1982年广州南越王墓出土的铜提筒，外壁有四组船纹，绘有杀俘猎头图案，为古越人祭河神或海神庆功情景。船上装配三帆一橹，桅杆上羽饰迎风后扬，乘风前进，驶向远方海洋。还有其他如器物、考古、民族、语言、服饰等材料显示，在海上丝绸之路开通之前，岭南民间海洋文化往来早就发生，奏响了史前和历史早期我国与周边地区海上往来的序曲。

---

① 黄启臣《广东海上丝绸之路史》，广东经济出版社2003年版，第298、442页。
② 赵春晨《关于"海上丝绸之路"概念及其历史下限的思考》，《学术研究》2002年第7期，第88—91页。

广州南越王墓出土的船纹铜提筒及博物馆外墙展示的该纹饰

刘安《淮南子》一书说,秦始皇搜求"越之犀角、象齿、翡翠、珠玑"是其经略岭南的原因之一,据此也可得知,战国时楚国势力或许已伸及南海北岸,至少已与南海地区发生贸易往来。司马迁在《史记·货殖列传》列举汉初19个大城市中,大部分位于黄河流域,长江以南只有两个,一个是吴(今苏州),另一个是番禺(即广州)。也就是说,在川、黔、滇、浙、赣、闽、桂、粤、琼诸省区中只有一个都会番禺。"番禺,亦其一都会也。珠玑、犀、瑇瑁、果、布之凑"。由此可见,广州有很多舶来品,已是集散南海各地奇珍异宝之都会。明确记载关于海上丝路贸易的是《汉书·地理志》。汉武帝于元鼎六年(前111)平定南越国后,乘势派遣官吏、译长和应募者等,从广东徐闻、广西合浦和越南北部日南(时属汉帝国)港出发,沿越南海岸航行,中途经缅甸到南印度洋孟加拉湾,历时约一年。"市明珠、璧流离,奇石异物",带去黄金、丝绸,换取明珠和其他珍奇异宝,一路受到沿途各国的热情接待,有时还有当地海船护送。随之,印度商人又绕过马六甲海峡,载着商货来中国进行贸易。自此,广东与海外诸国就正式发生了贸易往来。秦汉时期海上航道的开辟,标志着海上丝绸之路初步形成。

合浦港在今南流江出海口，附近有上万座汉墓，清理出近万件文物，产地包括印度、非洲、欧洲，与海上丝路记载相符。番禺市场上的舶来品，除了史籍上的简略记载外，出土文物更为丰富多彩。1983年6月在广州市区北面越秀公园西侧海拔49.7米的象岗山上，发现了南越国第二代国王赵眜的陵墓，其中有很多东南亚和西亚、北非名贵的舶来品，重要的有镂孔熏炉、象牙、犀角模型、乳香药物、圆形银盒和金花泡饰及琥珀、玛瑙、玻璃等饰

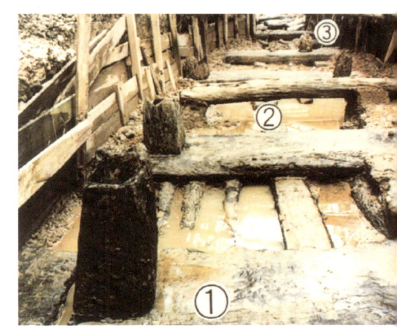

广州秦代造船遗址，位于广州越秀区中山四路316号。图中所示的①②③即分别为一号、二号、三号船台

品，这些是迄今为止发现的最早的海上舶来品。在南越王墓中共有陪葬品四千多件，可见当时广州海外商品贸易之繁盛。1974年底，在广州市中心的中山四路北面、市文化局大院发现一座巨型秦汉时期造船工场遗址。据中国社会科学院考古研究所于1984年编著出版的《新中国的考古发现与研究》记载，从一号船台枕木取样所作碳14测出年代距今2 190年左右，前后加减90年，也就是公元前214年前后，由此断定这个造船工场是秦汉时期的遗址。从其造船台的大小、两行滑板间距可推算那里可造宽度为6～8米、长度为20～30米、载重达25～30吨的大型木船。一、二号船台间距3.65米，若并台造船，则可能制造装载容量更大的船只，约30～60吨的木船。清乾隆四十九年（1784），从美国波士顿城越过大西洋再沿海上丝绸之路前来广州的"哈利特号"，载重仅55吨而已。①

---

① 参见［美］泰勒·丹涅特《美国人在东亚》，姚曾廙译，商务印书馆1959年版。

汉朝广州的海船能沿岸远航，是因为当时的航海技术比以前大有进步，人们已经掌握了天文航海技术。起初依靠地文定位技术即必须牢记沿海地形地物、水色和水位深浅及海底泥沙情况确定航行方向，后来人们发现天上的星座不同季节有不同的位置，只要掌握了天文定位技术，就可在大海航行中确定方向，这是航海科学发展上的一大突破。班固《汉书·艺文志》著录有《海中星占验》12卷等，记载了当时的天文航海知识，这证明了汉朝时期人们在造船、航海方面具备了出海远航的条件，为海上丝绸之路的贸易发展繁荣提供了可能。

（二）三国到南朝的海上丝绸之路

三国、两晋、南北朝时期，中国南北分裂，北朝出现五胡十六国，陆路交通一度受阻，南方政权宋、齐、梁、陈从对外经济文化交流的需要出发，加强对外联系，这使海上丝绸之路出现了繁荣景象。据陈寿《三国志·吕岱传》和其他史籍记载，三国时孙权黄武五年（226），广州刺史吕岱派遣宣化从事朱应、中郎康泰前往林邑（在今越南中部）、扶南（今柬埔寨）、堂明（今老挝中部、泰国东北部）等地"南宣国化"，他们访问和了解的国家有一百多个。东晋时从广州启碇的海上丝绸之路有了很大发展，它不再经徐闻、合浦、日南障塞航行，而是经海南岛东部海域，穿越西沙群岛，直赴越南南部，通过马六甲海峡来到印度南部，大大缩短了航程。广州成为海上丝绸之路的始发港。据阿拉伯史学家马斯欧迪所著的《黄金草原与珠玑宝藏》记载，当时广州海船经常进入波斯湾，到达幼发拉底河畔的希拉城附近贸易，并来到阿拉伯半岛南部的亚丁，由此奠定了广州作为南海交通枢纽的基础。

从西晋武帝泰始四年（268）至陈后主祯明二年（588），扶南国王先后遣使20多次到六朝京城建康（今南京）访问朝贡。南朝宋、齐时，东南亚有10多个国家沿海上丝绸之路遣使奉贡。梁朝时东南亚也有许多国家遣使来华朝贡。中国商船从广州起航，远航南海、太平洋、印度洋、波斯湾，把丝织品、陶瓷、茶叶输往国外，又将金、银、琉璃、象牙、沉香等输入中国。东晋安帝隆安三年（399），中国僧人法显从长安（今西安）由陆路前往印度取经，回国时沿海上丝绸之路东归，途中经过狮子国（今斯里兰卡）看见人们用中国制造的绢绸白团扇供奉在佛像前，引起思乡情绪而不觉凄然泪下。白绢团扇这种家常物件都能在此出现，显示中国出口商品种类甚多。法显在耶婆提国（今苏门答腊岛或爪哇岛）转船，船上商人说："常行时正可五十日便到广州。"① 这个明确的航期正说明了东晋时期广州和东南亚之间往来频繁。

除了使者和商人外，不少印度僧侣也来过广州。三国时，印度、克什米尔等国的僧人先后来广州，兴寺院、收信徒、撰著述，禅风日盛。第一个由海上丝绸之路来到中国的是天竺名僧耆域，他在西晋惠帝时（291—306）来广州传教，并为人治病，很有效验。梁武帝崇尚佛教，这时有两位对中国佛教颇有影响的印度高僧经海道来到广州，一位是菩提达摩，另一位是波罗末他（又名真谛）。禅宗始祖达摩泛海来广州，创建西来庵，其登陆地点曰"西来初地"；真谛来华23年，共译经、论、纪传64部，其中《摄大乘论》的翻译对中国佛教产生了较大影响。真谛成为中国佛教四大译经家之一。僧人在传教的同时也传入了印度的哲学、文学、医药学、天文学、历算、音乐、绘画、雕塑和建筑艺术，对中国文化有深刻和广泛的影响。

（三）隋唐五代时期的海上丝绸之路

隋朝很重视对外联系，南方海路交往一直很频繁，开辟了海上丝绸之路的新航线。即从广州出发，沿安南（今越南）海岸航行，通过真腊（今柬埔寨）海岸，最后到达马来半岛北部东岸。《隋书》记载，隋炀帝大业四年（608），隋炀帝派遣常骏、王君政等出使赤土国（今马来半岛），带着丝织物五千段，从广州出发，乘着西北风，经过二十个昼夜抵达马来半岛南部的赤土国。此次隋朝遣使访问赤土国的效果甚好。隋炀帝大业十二年（616），婆利、丹丹（在今马来半岛克拉地峡附近）都派遣使者来隋朝贡献特产。同年，真腊国（位于今柬埔寨的古代吉蔑王国）也遣使朝贡，隋炀帝礼之甚厚。这些使者络绎由海上丝绸之路来华，是我国外贸史上采取发展西域和南海诸国正式试行对外开放的先河。

唐朝在经济上实行任外商来往、自由贸易的政策，官府对外商"常加存问"②"以示绥怀"③；政治上则采取吸引、大胆任用外籍人才的措施。因此，外国使节、僧侣、学者、商人和留学生纷至沓来，谓之"住唐"，其人数颇多。唐贞观年间，广州海上交通空前频繁，广州是通商贸易和对外交流的主要港口，实际上已成为世界著名的港口，每年来广州的外国商船多达40艘，广州与南海、波斯湾的船舶往来频繁。当时唐代中国与南洋及波斯湾地区有

---

① 〔东晋〕法显《佛国记》，四库本。
② 〔宋〕周必大《文忠集》卷二九《左承奉郎直敷文阁主管台州崇道观王公廷珪行状》，四库本。
③ 〔宋〕王钦若等《册府元龟》卷九十《赦宥》，四库本。

6条定期航线，其中2条由中国商船运行，另4条分别为波斯商船、阿拉伯商船、锡兰婆罗门商船和遣唐使船运行。这6条航线都集中在广州。其中最著名的是自广州起航到南海、印度洋、波斯湾和非洲东海岸诸国，途经90多个国家和地区（其中有名可数的约30个）的航线，即广州"通海夷道"。其全长共约14 000公里，是当时世界上最长的国际航线。若遇顺风，其航程（不计停泊日）需约90～100日。这条航线把中国和东南亚地区、南亚地区和阿拉伯地区联系起来。这些地区都是中国丝绸的集散地，也是当时世界政治、经济、宗教、文化的中心。"广州通海夷道"是海上丝绸之路的主体，它沟通亚、非两大陆，这显示唐代在西太平洋至北印度洋水域中，已无中国海船不能到达之处，其发祥地广州便成了世界著名的大都会。很多东南亚、南亚、西亚和东非国家的友好使者先后循这条海路来到广州，然后前往中国京城贡献特产。唐高祖武德六年（623），环王（即林邑，在今越南中部）国王范梵志遣使来唐；武德八年（625）又遣使前来进贡特产，唐高祖李渊为来使设宴，并演奏九部乐，以示隆重欢迎。使者回国时，唐朝还赐予林邑国王很多绸缎。唐太宗贞观二年（628）、贞观四年（630），林邑国王范头黎一再遣使访唐，进贡驯象、五色带、朝霞布（一种棉布）、火珠等。真腊（今柬埔寨）、堕和罗（今泰国境内）先后多次遣使来唐进贡，在马来半岛的堕婆登、丹丹、盘盘、赤土、哥罗、羯茶、狼牙修等国，以及骠国（今缅甸）也经常与唐朝往来，唐朝均以厚礼相赠。此外，还有室利佛逝国（在苏门答腊岛）、南亚狮子国（今斯里兰卡）、摩揭陀国（在今印度比哈尔邦南部）等都遣使来唐。通过海上丝绸之路，唐朝和西亚、欧洲、非洲各国交往频繁。吐火罗（今阿富汗北部）于唐高祖、唐太宗时一再遣使来唐献鸵鸟、名马、异药、红碧玻璃、玛瑙、金精等。波斯（今伊朗）、大食（今阿拉伯）、大秦（即罗马帝国）在唐朝年间都遣使访唐朝贡献礼，对唐朝十分友好。唐朝和非洲也有友好往来，东非通过海上丝绸之路可达广州。唐玄宗天宝七年（748），唐高僧鉴真和尚第五次东渡日本未成，漂流到海南三亚一带，后北上广州，见珠江停靠外舶不计其数，满载珍宝、香药，一派繁荣景象。

五代时期，岭南为南汉政权割据。南汉十分重视海上贸易，实行开放政策，鼓励通商，与阿拉伯的商业贸易十分兴盛，并大获其利，国库充实。故南汉有足够财力大修京城兴王府，即广州，包括各种城南区，称"新南城"。另广筑园林、宫殿及大批寺院，其中不少还保留至今。

（四）宋元时期的海上丝绸之路

到了宋朝，广东海外贸易更有所发展。两宋时期中国对外贸易以海上丝绸之路为主，广州成为全国最大的港口。宋朝为了解决财政问题，很重视海外贸易，把外贸开放视为基本国策。宋太祖开宝四年（971）在广州设置我国历史上最早的市舶司，专门管理对外贸易。后来，又修订了《广州市舶条法》，这是我国历史上第一部关于进出口贸易的经济法典。宋太宗雍熙四年（987）还遣内侍八人携带诏书前往海外邀请外商来华贸易，主要是东南亚、南亚和西亚等国家和地区。广州是我国的南大门，在地理上占有优越条件，正如曾任广州知州朱服之子朱彧，于宋徽宗宣和元年（1119）著的《萍洲可谈》卷二记载："（宋徽宗）崇宁初，三路（即广南东路广州、福建路泉州、两浙路杭州）各置提举市舶官，三方唯广最盛。"

宋朝鼓励私商出海贸易，条件是出海时要遵守政府各项规定。为了确保私商出海顺利，每年均由政府主持祈风与祭海活动。宋仁宗康定二年（1041），广州南海神被加封为"南海洪圣广利王"，使出海商人在精神上得到重大支持。宋朝的海上丝绸之路相比唐朝有所发展，对外交往进入频繁时期，海外贸易发达。《宋史·食货志》谓"东南之利，舶商居其一"。唐朝的广州通海夷道，最远到达东非三兰国（今东非坦桑尼亚的达累斯萨拉姆）；宋朝对外交往东达朝鲜、日本，西至阿拉伯半岛和非洲东海岸一些国家。据宋朝周去非著的《岭外代答》称，宋朝广州海船可到达木兰皮国（在北非西部与欧洲西班牙南部），即可绕过非洲南部的好望角而驶往非洲的全部海岸。据印度学者R.塔帕尔撰《印度古代文明》载："十二世纪，随着宋朝的扩张（指贸易扩大），中国人在印度南部的一些贸易点有稳定的地位。"佐思·马什和G.W.金斯诺思著的《东非史简编》甚至说中世纪"中国人也不断来到了非洲南部，东非海岸上发现的中国陶瓷丰富极了。一位著名的考古学家就说过'中世纪的东非史可以说是用中国瓷器写成的'"。煤的广泛应用，冶铁技术的提高，铜精炼法的出现，丝织品和刺绣的恢复，造船业的迅猛发展等使宋商船赴海外各国贸易从未中断，这些都说明了宋朝的海外贸易、造船业的繁荣兴盛。

元朝政府鼓励发展商业，鼓励海外贸易，中国与海外经济交流范围空前扩大，元代商业空前繁荣。元世祖以后，海外贸易逐渐占据主要地位，与元朝有海外贸易关系的国家和地区，据《大德南海志》载，前来进贡的"可名之国"有146个。元代广州至世界各地又拓展了三条航线：一条可到达爪

哇北岸，一条可到达地中海亚平宁半岛，后又开辟了一条非洲东岸航道。元朝与欧亚两大洲的许多国家通商，商船多往南洋和东南亚各国进行贸易。通过船舶从中国运出的货物大多是手工艺品，最主要的是丝绸和瓷器，从海外输入的有香料、宝物、布匹等。元朝时，中国与欧洲开始有正式的使臣往来，商人与传教士纷纷来华，"碧眼金发"的欧洲人长途跋涉来中国的也不少，其中最著名的是出生于威尼斯商人家庭的意大利旅行家马可·波罗。

元朝对于宋朝的对外贸易政策大多继承下来，设立市舶司，制订市舶法则二十二条。元朝广州对外贸易继续奉行诸番国"其往来互市，各从所欲"①的外贸开放措施，在广州等七处扩置市舶管理机构。但也曾四次禁商下海，并撤销市舶机构。禁商之后人民需要的香货药物缺少，价格暴涨，朝廷为此解禁。禁商的时间总共只有10年左右，每次禁商之后很快重开，因此对元朝的政治经济影响不大。

宋元两代，又把唐代奠定的海贸自由政策大大推进了一步，使之趋向完备与严密。由于海贸的空前发展，宋元时期，单就海上交通运输而言，已进入了鼎盛期。当时中国商业之发达，手工艺品之优良，海舶规模之巨大与性能之良好，均处于世界领先地位。

（五）明清时期的海上丝绸之路

明朝初期，郑和率领庞大舰队七下西洋，其航线基本上是海上丝绸之路，这在《郑和航海图》中有明确记载。另据《明史·郑和列传》记载，郑和航海得到国家大力支持，其组织的船队浩大，满载丝绸、瓷器、香料、金银等商品，赐予沿途各国君主。随行的两万多将士均为精锐之师，船队凭借高超的航海技术，"因循着古代以来东西方海上丝绸之路、香料之路的旧途"，同时将海上丝绸之路延伸到西亚、北非。随着郑和下西洋船队广泛开展外交活动，海上贸易范围扩大到西亚及非洲东海岸，前来进贡通好的国家和地区增加了数十个，朝贡贸易达到空前规模，它以宏大政治气势赢得了"八方来朝""大一统"的政治气象，成就了明政府高度的国际威望。郑和七下西洋，对提高我国造船和航海技术无疑有很大的作用，有利于海上丝绸之路贸易的发展；但从《明史·郑和列传》可知，明成祖派郑和七下西洋的目的是政治，不在于经济。从明朝永乐年间郑和航海所需船只成本、贡使招待费及对明政府朝贡国赏赐等开支来看，政府付出的代价十分高昂。"考虑

---

① 〔明〕宋濂等《元史》卷十《世祖七》，中华书局1976年版，第204页。

帝国整体的收支,则完全出超。郑和出发前在巨大的宝船上装满了陶瓷器、丝织品等中国特产,这些都将慷慨地赠给所到之处的王侯贵族们。而回贡的物产完全无法与之相称。"朝贡贸易的经济收益十分有限,气势宏大的海上朝贡贸易难以持久。明朝出于朝贡贸易对国库损耗的考虑,渐次减少海外朝贡贸易。再者,有些所谓贡品并非中国需要之物。有些贡者索要高价,贪得无厌,欲壑难填。还有倭寇勾结沿海中国土豪、奸商、海盗大规模进行烧杀抢掠等,为此明朝实行海禁,借此断绝倭寇的海上供应。后倭寇之患逐渐得到解决,明穆宗隆庆元年(1567),海禁撤销。

明代是从中世纪向近代社会转变的历史时期,亦即西方资本主义先后产生、崛起的历史时期。西方资本主义国家的发迹,以海贸的形式,向外扩张,建立殖民地,通过掠夺海外财富加速其国内的原始积累,发展资本主义。明朝中后期(16世纪下半叶至明末)南海水域的海外贸易形势日渐向不利于明帝国的方向发展。15世纪末至16世纪初,葡萄牙人和西班牙人开通东西航线之后,西方殖民主义者相继接踵东来。在南洋群岛,也形成了东来的西方殖民者划地分据的局面。基于这一情况,南洋各国对中国的传统贡舶贸易几乎停止了。葡、西、荷等东来的西方殖民者,不以分割南洋群岛为满足,他们一方面将其控制地区的产品与中国交易,一方面觊觎中国,寻找可乘之机。葡萄牙于嘉靖三十七年(1558)非法占据澳门,更鼓动了他们的野心。

唐宋元时期,我国的海上贸易居于世界领先地位,从明代起,步步收缩。郑和之后,中国远洋船队再未越过马六甲海峡,从西洋迅速退缩至东洋,甚至南海一带也少见中国舟迹帆影。明朝下令禁止建造远洋船只,又敕命禁止保留超过两根以上桅杆的帆船。这一局面在清朝得以延续,甚至强化。清朝没有组织过大型朝贡贸易,其船只甚至没有超越过东洋范围。

清朝从顺治十八年(1661)起实行海禁,沿海居民内迁50里,"寸板不许下海"①。康熙二十四年(1685)设粤海关、江海关、闽海关和浙海关四关,宣布开海贸易。它标志着市舶制度的结束和海关制度的确立。后因西方殖民者在中国沿海地区进行各种违法勾当,清高宗乾隆二十二年(1757),撤销江、浙、闽三处海关,限定广州为唯一对外通商口岸。外贸仅限于通过行商来进行,采取行商居间的贸易体制,即由广州十三行操纵、垄断进出口贸易。对外商的活动也作了各种限制和防范,严禁商民私自出海,不许商民

---

① 〔明〕胡宗宪《筹海图编》卷四《福建倭变记》,四库本。

侨居国外。严禁制造超过一丈八尺的双桅船，载重不能超过五百石（约40吨），舵水人等不能超过28人。也禁止前往吕宋等地贸易。有的商品如硝磺、铁器等严禁出口，传统出口产品丝绸也被限制出口。明晚期粤闽海商在马尼拉等南洋市场上所处的优势，也在清代失去。鸦片战争失败后，五口通商的局面，标志着中国已陷入半殖民地的境地。在遭受西方列强的蹂躏、掠夺中，广东首当其冲。西方的商人在19世纪四五十年代，已不能在广州随心所欲地进行贸易。因此，西方的商人缩减在广州的贸易业务，纷纷转移到五口通商口岸之一的上海。因而在19世纪50年代，上海取代广州成为新的对外贸易中心。

第二节　唐宋时期的海贸

广东的海外贸易起源很早，据《淮南子》记载，秦始皇经略南越，番禺（今广州）已是犀角、象齿等物的集散中心。到了汉代，番禺也是这些特产的集散地，集散于番禺的商品大都是从海上运输来的。最早也最明确记载广东海外贸易的是《汉书·地理志》。海上丝绸之路贸易最为繁荣鼎盛的是唐宋时期，广东地区也一样。唐代岭南的农业、手工业较前代都有长足进步，商品经济日趋活跃，东南沿海的造船业与航海术发达，海外贸易更加繁荣。随着全国政治、经济重心的南移，官方大力扶持和发展沿海的对外贸易，宋代海外贸易梯航万国，盛况空前，更凌驾于唐代之上。

《南史·南海诸国列传》记载，沿着海上丝绸之路前来中国的各国使者，如林邑（越南）、扶南（柬埔寨）、诃罗陁国（爪哇岛）、婆皇（马来半岛）、盘盘国（泰国）、中天竺国（中印度）、波斯国（伊朗）等国，很多都是先从海路到广州，然后转往京城建康（南京）。据《唐六典》记载，曾经入贡唐朝的蕃国先后有近 400 个，其中来往密切的有日本、新罗、大食、波斯、天竺等国。唐朝有北、中、南三路海路通航朝鲜和日本，另有南海航路通往大食、波斯、印度及南海诸国。宋代海外贸易联系的国家和地区更为广泛，宋人与中南半岛、南海诸国、大食诸国、西天诸国的贸易更加红火，与高丽、日本来往也较前代密切，高丽和日本都辟有专门的对宋贸易港口。唐宋时期对非洲了解的情况，从唐朝杜环《经行记》可见一斑。书中记载的北非的木兰皮（今摩洛哥一带）、勿斯里国（今摩洛哥、阿尔及利亚等地，一说在埃及开罗），东非的昆仑层期国（今桑给巴尔）、中理国（今索马里）等，内容已较为广博。宋周去非《岭外代答·航海外夷》载："诸蕃国之富盛多宝货者，莫如大食国，其次阇婆国，其次三佛齐国，其次乃诸国耳。"以高丽为例，北宋建立后，与高丽往来十分密切，高丽曾屡次派出使节向宋馈赠礼品，宋朝也厚待高丽来使，并派使节去高丽报聘。

唐宋时期海上丝绸之路示意图

一、唐宋时期的进出口货物

唐代广东进出口的货物很多，丝织品是出口的大宗商品。瓷器、铁器、金银、纸等也是出口的主要物品，在埃及福斯他特遗址、叙利亚玛拉遗址、印度勃拉名纳巴特遗址均发现大批唐代瓷片，沙捞越还发现唐人开设的铸铁厂。据考证，该地的铸铁技术是自中国传入的。据《宋史·食货志·互市舶法》记载："（开宝）四年（971），置市舶司于广州，后又于杭（州）、明州（浙江宁波）置司，凡大食、古逻、阇婆、占城、勃泥、麻逸、三佛齐诸蕃并通贸易，以金、银、缗钱、铅、锡、杂色帛、瓷器，市香药、犀象、珊瑚、琥珀、珠琲、镔铁、鼊皮、瑇瑁、玛瑙、车渠、水精、蕃布、乌樠、苏木等物……"杭州、宁波主要与日本、朝鲜、菲律宾进行海外贸易，而大食至三佛齐等地的贸易主要同广州进行。因此上述商品交易可视为广州的进出口货物交易。

两宋时期的海外贸易主要是以货易货，互通有无，同时也进行了文化技术交流。当时进出口货物的种类和数量都是相当可观的。据有的史学家计算，宋代从海外进口的货物达到410种以上。这些进口货物统称为"舶货"，舶货按性质可分为宝物、布匹、杂货、香货、药物等几种类型,其中有高丽的金属器皿、硫黄、药材,南海诸国的各种香料、珍珠、珊瑚,三佛齐的绢扇、雨伞、木梳、草席;日本的折扇、侨刀以及阿拉伯的珠宝等,单是进口香料名色就不下百种。宋代为了征税的方便,还把舶货分为粗色(一般货物)和细色(贵重货物)。宋代出口的货物种类也很复杂。欧阳修在其《日本刀歌》中写道:"昆夷道远不复通,世传切玉谁能穷。宝刀近出日本国,越贾得之沧海东。"日本藤原明衡《新猿乐记》统计进口"唐物"即达41种。而中国输出的主要有纺织品、茶、书籍、瓷器等。在文化技术交流方面,中国将当时居于世界领先地位的雕版和活字印刷术等以及一些工、农业技术输往世界各地。同时,阿拉伯等地区的天文历法、医学知识等也在这一时期传入中国。

二、唐宋时期的海贸管理

唐朝从中央到地方建立了专职或相关的涉外职能机构,形成自上而下完善的外交,外贸体系,并制定了若干涉外法令法规,保护外侨、外商的利益。如武德七年(624)颁布的《赋役令》,唐初修订的《唐律》等。

唐朝中央政府设有专门管理中外贸易的机构——互市监,地方"诸互市监各掌诸蕃交易之事"。[①] 为了促进对外贸易,增加政府收入,唐玄宗开元二年(714),唐王朝还在广州设置市舶使,负责管理海上贸易。唐代文籍有不少关于市舶的记载,只不过名称不同,如"结好使""押蕃舶使""监舶使"等,唐代先后在广州和交州(今越南北部)两个口岸设置市舶使,多由中央的官吏任命。宋代是我国历史上通过市舶制度对外实行开放政策的发展时期,也是我国历史上对外贸易制度早期规范化、条理化的时期。

广州历来是我国南方重要的对外贸易港口,各国蕃舶停靠之地,历来有商贾辐辏之说。史书记载,宋太祖赵匡胤于开宝四年(971)平定岭南的南汉政权后,立即着手设立广州市舶司,管理对外通商和保护在广州的外国商人,外贸收入成了国家重要税源之一。这一举措,开创了中国外贸的新局面,广州也因而成了全国海外贸易的中心,强化了其作为海上丝绸之路东方首港的地位。《宋史》卷二百五十八《潘美列传》记载:"(开宝四年二月)克之(广州),擒(刘)鋹送京师,露布以闻。即日,命美与尹崇珂同知广

---

① 〔唐〕张九龄等《唐六典》卷二十二《互市监》,四库本。

州兼市舶使。"宋朝的第一个市舶管理机构正式成立。

北宋为了发展海外贸易，制定了一系列外贸政策。政府将进出口的管理，商品的税务、销售，以及外贸工作优劣的奖惩、外贸官员的任免，都列入政策法规中。宋代制订的管理进出口贸易的市舶条例——《市舶条法》，是世界上第一部进出口贸易法规。它被官方冠以广州之名称《广州市舶条法》，推行于沿海诸路。

宋代通商口岸较唐代更多，对海外贸易的管理更细致，海外贸易形式多样化、规模更大。据宋周去非《岭外代答》和赵汝适《诸蕃志》等书记载，在宋代，和我国在贸易上或政治上有联系的国家有50多个，其中许多国家在宋代才开始与中国往来。在宋代大部分时间里，广州是我国最重要的海港，所以这些国家都直接或间接地与广州有贸易关系。

唐代著名外贸港口有四五处，而宋代贸易港达20余处，有广州、泉州、明州、杭州、密州胶西县5个市舶司，市舶司下有的还有所属的市舶务、市舶场。元丰三年（1080），宋朝政府正式修订广州市舶条（法），并推行于各市舶司。

宋代海外贸易按经营者身份可分为官府经营和私商经营。官府经营又可分为两种：一种是传统的政府间使节的朝贡或交聘，这是一种变相的贸易关系。宋代这种交往很频繁，如高丽遣宋使达57次，宋使往高丽亦达30次之多。唐代高宗、玄宗两朝虽曾存在这种形式的贸易关系，但贡物和回赐数量都不大。宋朝政府还直接派人到海外贸易，这是唐朝未曾有过的现象。宋代私商经营又分为两种：一种是权贵和官僚；另一种是民间商人，包括豪家大姓和中小商人。宋代海外贸易规模很大。据吴自牧《梦粱录》的记述，宋代大海船可容纳五六百人到千人以上，大批海外蕃客来华贸易且"住唐"，另外也有宋朝海商、水手住蕃的现象。海船很多。宋朝市舶收入曾高达150万缗左右，竟占财政总收入的15%。

三、唐宋时期的造船业

我国古代造船业的发展在唐朝时进入了成熟时期。秦汉时期出现的造船技术，如船尾舵、高效率推进工具橹以及风帆的有效利用等，到了这个时期得到了充分发展和进一步的完善，而且创造了许多更加先进的造船技术。唐朝有很多造船基地，如南方沿海的福州、泉州、广州，东方沿海的登州（今山东烟台）。这些造船基地设有造船工厂，能造各种大小船只、海船、战舰等。不但造船数量日益增多，而且造船的工艺水平日益先进。李肇则在《唐国史补》中指出，大历（766—779）、贞元（785—805）年间，有一种称为"俞大娘"的航船最大，能载重万石，"操驾之工数百"。慧琳在《一切经音义》中说，唐时中国有一种"苍舶"，长达二十丈，可载六七百人。经过前代长期不断的积累，唐朝的造船技术在当时可称得上居于世界领先地位。唐代，无论从船舶的数量上还是质量上，都体现出我国造船事业的发达程度。工匠们能根据船的性能和用途的不同要求，先制造出船的模型，进而画出船图，再进行施工。欧洲在16世纪才出现简单的船图，同一时期欧洲国家的造船业，连接船板时还仍使用原始的皮条绳索绑扎的办法，落后于中国三四百年。①

唐代中后期广州有了大规模的造船业，能造楼船、斗舰、游艇等六种船只，在性能、设备、载重、动力、作战能力各方面，已进入世界的前列。《中国印度见闻录》中载："只有庞大坚固的中国渔船，才能抵御波斯湾的惊涛骇浪，而畅行无阻。"外国商人十分喜欢搭乘中国船。正是这些先进的造船技术，使得船的坚固性和抗沉能力增强了，就有可能多设船桅、船帆，更适合远洋航行，从而促进了唐代造船业的迅速发展，使得唐代能建造巨大的远洋海船。到了宋代，造船业更加进步。一如唐代，宋代在很多地方设立了造船场、造船坊，特别是东南沿海的广州、泉州、明州、温州以及杭州等地都成为制造海船的重要基地，不但有官方的造船场，也有很多民间的造船场。大海船中也有很多民船。宋代舟船的制造不但数量多，而且质量高。宋代广州的造船业更具规模，所造船舶大，可载数百人及储存备用一年的食品，还能在船上养猪、酿酒。此时海上航船已拥有当时世界上最先进的航海设备——指南针导航。

宋代的造船业还比以前更具有特色：船体更巍峨高大，结构更坚固合理，行船工具更趋完善，装修更为华美。船头小，尖底呈"V"字形，便于破浪前进。此外，船体身扁宽、体高大、吃水深，受到横向狂风袭击仍很稳定，同时，结构坚固，船体有密封隔舱，增强了安全性。底板和舷侧板分别采用两重或三重大板结构，船上多樯多帆，便于利用多面风。大船上又都设有小船，遇到紧急情况可以救生、抢险。每只船上都有大小两个锚。行船中也有探水设备。正是由于中国海船运载量大，稳定性强，安全可靠，航速也

---

① 参见景兆玺、高红梅《论科学技术对唐代中阿海路贸易发展的促进作用》，《西北第二民族学院学报》2005年第1期。

很快,所以阿拉伯人、波斯人等都愿乘坐中国大海舶,这与唐朝时中外商人、僧侣多乘外国"蕃舶"有很大的不同,说明了宋代我国造船业的先进发达,而这又推动了海外贸易的发展。800多年前沉没在广东阳江市东平港以南约20海里外的宋代商船"南海一号",是迄今为止世界上发现的海上沉船中年代最早、保存最完整的远洋贸易商船,从中也体现了宋朝海外贸易的兴盛繁荣。

四、唐宋时期的航海技术

在航海技术方面,唐宋时期我国人民积累了丰富的航行经验。唐代,人们已能认识到北起日本海,南至南海的风到来和结束的规律,并称这种与航行有关的季风为"信风"。在利用信风航行的同时,人们不断归纳总结直至掌握完整的信风规律,能准确推算出东北季风来临的时间,以便能及时远航。义净正是利用对南海季风、北印度洋及孟加拉湾的季风和洋流规律的认识乘船到达东南亚室利佛逝国并回归中国的。

宋朝时期航海技术的提高,最突出的是指南针的广泛应用。宋代指南针的运用,改变了人们凭借地表目标和牵星术对天气和陆地的依赖。宋代以前的航海指引,一般是凭天象、天体识别方向,夜以星星指路,日倚太阳辨向。至北宋时期,航海技术开始有了重大的突破,船队已能利用指南针航行。《萍洲可谈》卷二记载:"舟师识地理,夜则观星,昼则观日,阴晦观指南针。"《宣和奉使高丽图经》载:"若晦暝则用指南针,以揆南北。"

南宋时期,指南针发展成罗盘形构,精确度不断提高,应用更为广泛,海上航行已普遍依靠指南针指示方向。指南针应用于航海,不仅促进了中外海上交通的发展,更是世界人类文明史上的重大突破,对世界文明的发展做出了重大的贡献。加上前人积累的牵星术、地文、潮流、季风等航海知识,以及造船技术的发展,特别是水密隔舱技术,使宋代后的航海家可以长年在海上远行。宋代人开辟的横越印度洋的航线,尤有重要意义,宋代航海家从广州、泉州起航,横越北印度洋,可直航至西亚和非洲东海岸。此外,海上交通航线的发展,为海道图的产生创造了条件。宋朝关于海道图的记述也已十分明确。如徐兢的《宣和奉使高丽图经》和南宋叛臣刘豫献于金主完颜亶的海道图等,都说明了当时海道图的发展。海道图的产生是人类海洋知识不断积累的结果,为人类进一步征服海洋、发展海上交通事业,提供了更多的技术工具与技术知识。宋朝航海在海洋地理识别探测方面也有较大进步,能够根据天气变化确定方位，判断环境，并已懂得利用长绳系砣测量海深，并从砣底所黏附的海底泥沙判断航行位置及情况。在海上航行安全方面也有一定的保障措施，他们利用信鸽作为海上通信工具，而且已经能进行水下修补船只的作业工作以防止船舶渗漏致沉。在前人基础上，宋代航海者对于中国东部的西太平洋海区，西亚南部的北印度洋海区两大海区的季风的认识，虽然从科学的概念上尚未达到现代海洋气象学的水平，但是在他们的长期实践中却已清楚地掌握并运用了这种季风的变化规律；宋代航海者还总结出了航海指南，以文字为主，对航海过程中的地文、水文情况加以较为详尽的介绍，对安全航道、锚泊场所、危险物等均有指示。此外，宋代在使帆、操舵、用锚等船舶操纵技术方面也已是相当全面和高超。在这一航海时期中，中国的海船在西太平洋与北印度洋的广大水域中纵横驰骋，中外之间的海上交通空前活跃，其远航能力正如西人巴兹尔·戴维逊所说，"在十二世纪，不管什么地方，只要帆船能去，中国船在技术上也都能去"。宋代的航海技术，在中国古代航海技术史上，具有继往开来的奠基价值。[①] 航海技术的不断提高，使两宋时期的对外海上交通更为安全，航向更为稳定准确，航行时间也大为缩短，进而有利于中外海上交通贸易的进一步发展。

[①] 参见孙光圻《宋代航海技术综论》，《中国航海》1984年第2期。

第三节　民间中西往来

一、贸易外商往来

7—9世纪,大唐帝国境内活跃着众多外国商人。史书所记,往往不辨国籍,概称"胡商""贾胡""胡贾""蕃商",或称西域胡人、西国人,或仅言胡人。外商是唐代商人队伍中特殊的一大群体,其在唐代广东(主要是广州)的经济活动和社会生活活跃,与民间往来频繁。唐代广州对外通商的繁盛从《唐大和上东征传》一书也可窥见:"江中有婆罗门(今印度一带)、波斯(今波斯湾一带伊朗和阿拉伯国家)、昆仑(今马来半岛、印度尼西亚等东南亚国家)等舶不知其数,并载香药、珍宝,积载如山。其舶深六、七丈。狮子国(今斯里兰卡)、大石国(即大食国)、骨唐国(在今吕宋岛或苏门答腊岛)、白蛮(指今欧洲人)、亦蛮(指今非洲人)等往来居住,种类极多。"唐代旅居广州的外商是外贸领域的一股重要力量。他们"与华人错居,相婚嫁,多占田,营第舍,吏或挠之,则相挺为乱"。① 唐末居住广州的外商众多,他们具有中国海商所无法比拟的与海外更直接、更密切联系和贸易的优势。

首先,强盛的国力是大量外商入唐的前提条件。在中国历史上,唐朝是继秦汉以后又一个较长时间统一的强盛王朝。唐代社会经济的发展程度,不仅在中国封建社会堪称空前,而且在当时世界上也处于领先地位。唐朝国力强大,对外交通发达,成为东亚政治、经济、文化、交通的中心。当时亚洲西部兴起了一个强大的阿拉伯国家——大食国,它也很重视海上交通,遂使西太平洋和印度洋之间,风帆如织。据阿拉伯人苏莱曼《中国印度见闻录》载,唐时,中国海船特别巨大,波斯湾风浪险恶,只有中国船能够航行无阻,阿拉伯东来的货物都需装在中国的船上,贸易往来十分兴旺。

其次,开放的政策是大量外商入唐的有利条件。贞观元年(627)八月,

---

① 〔宋〕欧阳修等《新唐书》卷一八二《卢钧列传》,中华书局1975年版,第5369页。

唐太宗即位后就下诏开放关禁，"使公私往来，道路无壅，飞宝交易，中外匪殊。"① 贞观四年（630），西域各国遣唐商使来朝，太宗派人迎接，"听其商贾往来，与边民交市"。② 贞观十五年（641），天竺王尸罗逸多遣使入贡，"太宗以其地远，礼之甚厚"。③ 唐太宗开放关禁和厚遇外商的政策，在唐代发挥了积极的作用，产生了深远的影响。此后的唐代皇帝继续推行对外开放政策。如唐文宗太和八年（834）诏："其岭南、福建及扬州蕃客，宜委节度观察使除舶脚收市进奉外，任其来往，自为交易，不得重加率税。"④

最后，发达的对外交通是大量外商入唐的客观条件。唐代通往边疆和国外的主要通道共计有七条："一曰营州入安东道，二曰登州海行入高丽、渤海道，三曰夏州塞外通大同、云中道，四曰中受降城入回鹘道，五曰安西入西域道，六曰安南通天竺道，七曰广州通海夷道。"⑤ 第一条通往高丽（新罗），第二条通至高丽、日本，第三、四条通往漠西回纥（即回鹘）等少数民族地区，第五条通往西域，并通至西亚、欧、非各地，第六、七条通往东南亚、南亚、阿拉伯诸国。这些道路架起了唐朝通往当时世界上主要国家的桥梁，不但便利了域外商人的行旅往来，而且使得更广地区、更多数量的外商入唐成为可能。

强盛的国力、开放的政策和发达的交通，使外商在唐代无论在其国别或人数上都远远超过了前代。唐代外商有来自朝鲜半岛的新罗、高丽、百济，有日本、林邑（越南中南部）、真腊（柬埔寨）、骠国（缅甸境内）、天竺（印度）、狮子国（斯里兰卡）、固失密（克什米尔）、尼婆罗（尼泊尔）各国，有分布在苏联中亚地区的康、安、曹、石、米、何、火寻、伐地（戊地）、史，还有波斯（伊朗）、大食（阿拉伯）、拂林（东罗马）等许多国家。据《唐六典》记载，达70余国。在众多外商中，以波斯、大食人为最多。史载，唐肃宗上元元年（760），扬州刘展作乱，邓景山引田神功助讨，"神功至扬州，大掠居人资产，……商胡大食、波斯等商旅死者数千人"。⑥ 唐僖宗乾符五年（878），黄巢起义军攻陷广州，据说波斯、大食等外国人被杀者达十二万人，"前此恃营商中国为生，至此破产者，所见皆是也"。⑦ 这

---

① 〔宋〕王钦若等《册府元龟》卷五〇四《关市》，四库本。
② 〔宋〕司马光《资治通鉴》卷一九三《唐纪九》，中华书局1956年版，第6083页。
③ 〔后晋〕刘昫等《旧唐书》卷一九八《天竺》，中华书局1975年版，第5307页。
④ 〔宋〕王钦若等《册府元龟》卷一七〇《来远》，四库本。
⑤ 〔后晋〕刘昫等《旧唐书》卷一一〇《邓景山列传》，中华书局1975年版，第3313页。
⑥ 〔后晋〕刘昫等《旧唐书》卷一一〇《邓景山列传》，中华书局1975年版，第3313页。
⑦ 方豪《中西交通史》，岳麓书社1987年版，第258页。

在一定程度上反映了当时与中国通商的外国之多，营商破产者"所见皆是"，则表明其中外商之众。

唐代外商有官方派遣的商使和民间往来的商人两大类。遣唐商使是在朝贡形式下进行的官方贸易。各国到唐聘问的使节，都要向唐王朝进贡方物，唐对各国使节相应馈赠丝绸彩帛、金银精器等礼品。这里的"方物"和"礼品"实际上就是商品，"进贡"与"馈赠"实质上就是一种国家贸易。各国商使带来的方物多为高级奢侈品，也有果类、蔬菜、花卉等，种类繁多。如仅贞观二十年（646）就有罗摩伽国献菩提树（又名波罗），康国献黄桃（又名金桃），伽昆国献郁金香，罽宾国献俱物头花，伽失毕国献泥楼钵罗花，健达国献佛土叶，泥婆罗献菠菜、酢菜、胡芹。贡使贸易次数很多，据统计，日本十几次，大食37次，林邑24次，真腊11次，波斯25次，其他各国也为数不少。对于官方遣唐商使，由中央鸿胪寺礼宾院负责接待，给予优厚的待遇，并有细致的规定。据《唐会要·杂录》记载，证圣元年（695），武周政权规定："蕃国使入朝，其粮料各分等第给：南天竺、北天竺、波斯、大食等国使宜给六个月粮，尸利佛誓、真腊、诃陵等国使给五个月粮，林邑国使给三个月粮。"圣历三年（700）又规定："东至高丽国，南至真腊国，西至波斯、吐蕃及坚昆都督府，北至契丹、突厥、靺鞨，并为入蕃，以外为绝域，其使应给料各依式。"开元四年（716），玄宗朝又规定："靺鞨、新罗、吐蕃，先无里数，每遣使给赐，宜准七千里以上给付也。"唐政府日益细致地规定对各国商使的待遇标准，说明遣唐商使的愈加增多。

唐朝中后期，随着海外交通的发展，官方的贡使贸易日益频繁，更重要的是民间商舶贸易大规模地发展起来。民间外商主要从事以下几种商业活动。

贩卖珠宝。唐代外商最重珠宝。据记载，西域贾胡剖身藏美珠，波斯舶主藏珠腰肉中，有商胡以一千万买宝骨，有西国胡客以五十万买珠。此类事例，不胜枚举，可知唐代外商大多做珠宝生意。日本真人元开亲睹广州"江中有婆罗、波斯、昆仑等舶，不知其数，并载香药、珍宝，积载如山"①。

举质取利。一部分外商通过做珠宝、香料等大生意，一跃成为暴发户。这些富商大贾便放高利贷，即史籍所谓"举质取利"。"举者，举贷以取倍称之利也。质者，以物质钱，计月而取其利也。"史书记载，德宗贞元三年

---

① ［日］真人元开《唐大和上东征传》，中华书局1979年版，第74页。

(787)，李泌一次命检括长安胡客，举质取利者"凡得四千人"①。

做卖胡食。汉魏以来，西域饮食不断传入中原。至唐代开元以后，《旧唐书·舆服志》载："贵人御馔，尽供胡食。"圆仁《入唐求法巡礼行记》卷三也载："时行胡饼，俗家皆然。"从朝廷贵族到民间百姓，胡食为唐人所喜爱。

开设酒肆。西域酒在唐代已传入中原，都城长安甚为流行，西市及城东至曲江一带，皆有胡姬侍酒的酒肆。这种酒肆，侍酒者为胡姬，酒家主也大多是胡人。他们开设酒肆，买卖西域酒。

唐代外商，在内地以两都长安、洛阳为最。唐朝中后期，随着广州通海夷道的发展，对外交通重心由西北陆路转向了东南海道，继之兴起了广州、扬州、泉州等三大港市，是外商在沿海的云集之地。广州是唐代最大的外贸通商海港。巨商万舰，珍货辐辏，"蛮胡贾人，舶交海中，……外国之货日至，珠、香、象、犀、玳瑁，奇物溢于中国"。②

二、外商侨居中国

随着对外贸易的往来，许多外国商人侨居中国，起初多是在一年的早春时节来华经商，待到次年冬季时趁季风回国，但随着贸易的深入开展，有不少外商开始"住唐"留居，他们在当地"与华人错居，相婚嫁，多占田，营第舍"③，甚至有的已"家资数百万缗"。④ 两宋时，广州的阿拉伯、波斯穆斯林较唐代更多，其中久居不归者也频频出现。由于外国商人中较多来自阿拉伯和波斯两个国家，而他们都信仰伊斯兰教，因此他们又被称为穆斯林商人。广州作为海上丝绸之路对外的重要港口，大批穆斯林外商到达广州后，聚居在珠江之滨，临近广州的波山渡口，形成以"怀圣寺"为中心的聚居点。广州地方政府专门把蕃商聚居这一带设为"蕃坊"，专供外国人居住。蕃坊内部除了有住宅、旅舍、市场和清真寺外，还设有"蕃长"负责管理"蕃坊"内外国居民的日常事务，主持宗教活动。唐宣宗大中五年（851）阿拉伯商人苏莱曼在其《中国印度见闻录》中记述了当时广州"蕃坊"的情形："中国商埠为阿拉伯人麇集者曰康府。其处有伊斯兰掌教一人，教堂

---

① 〔宋〕司马光《资治通鉴》卷二三二《唐纪四十八》，中华书局1956年版，第7493页。
② 〔唐〕韩愈《送郑权尚书序》，见〔宋〕李昉等《文苑英华》卷七三〇，四库本。
③ 〔宋〕欧阳修等《新唐书》卷一八二《卢钧列传》，中华书局1975年版，第5369页。
④ 〔宋〕苏辙《龙川略志》卷五《辨人告户绝事》，四库本。

一所……各地伊斯兰教商贾多居广府。中国皇帝因任命伊斯兰教判官一人，依伊斯兰教风俗，治理穆斯林。判官每星期必有数日专为与穆斯林共同祈愿，朗读先圣戒训……判官为人正直，听讼公平。一切皆依《古兰经》、圣训及伊斯兰教习惯行事。故伊拉克商人来此方者，皆颂声载道也。"蕃坊设"蕃长"一人，由外侨自行推选，选出后要中国政府认可任命，才能行使职权，而且行使权力不能违反中国法律。外侨若犯重大罪行，则仍需由中国政府处理。北宋初年，随父宦游广州的朱彧，也曾留下有关"蕃坊"法权地位的见闻：

> 广州蕃坊，海外诸国人聚居，置蕃长一人，管勾蕃坊公事，专切招邀蕃商入贡，用蕃官为之，巾袍履笏如华人。蕃人有罪，诣广州鞫实，送蕃坊行遣。缚之木梯上，以藤杖挞之，自踵至顶，每藤杖三下折大杖一下。盖蕃人不衣裈袴，喜地坐，以杖臀为苦，反不畏杖脊。①

据有关史籍记载，唐宋时期在广州的"蕃客"多达20万人，他们与本地居民杂居，有些还跟当地人通婚，落地生根。"蕃坊"一带，"任蕃商列肆而市，交通夷夏，富庶于人，公私之间一无所缺。车徒相望，城府洞开，于是人人自为，家给户足"。②即不受分肆列市的限制，可临街设店，出现了店肆行铺林立的城市景观，这种模式逐步推广到整个广州，开创了中国商业城市格局之先河。以下将详述此盛况。

唐代外商来华贸易一般都拥有自己的店肆，《太平广记》对此有述，开元五年（717），御史中丞兼检校营州都督宋庆礼在营州"招辑商胡，为立店肆"③。从都城长安到海港广州，直至边镇营州，表明外商的店肆分布很广。这类店、邸、村、肆，既是外商存货、交易的商店，又兼作旅店，是外商的居所。另有一些商胡"多占田，营第舍"④，拥有田宅。广州人与夷人杂处，蕃僚与华人错居，表明了当时是汉胡杂居。外商"住唐"时间，暂住者通常两年往返一次，久居者有长达40余年而不欲归的。

唐宋客居广州的穆斯林商人数以万计，他们有的"住唐"5年、10年，

---

① 〔宋〕朱彧撰，李伟国校点《萍洲可谈》卷二，上海古籍出版社1989年版，第134页。
② 〔唐〕韦光闿《进岭南王馆市舶使院图表》，见〔宋〕李昉等《文苑英华》卷六一三，四库本。
③ 〔后晋〕刘昫等《旧唐书》卷一八五下《宋庆礼列传》，中华书局1975年版，第4814页。
④ 〔宋〕欧阳修等《新唐书》卷一八二《卢钧列传》，中华书局1975年版，第5369页。

有的甚至住到了宋代，长达数十年。他们有的带来了自己的妻子和儿女，有的则在中国娶汉女为妻。正是华夷杂居，"婚娶相通"。唐人陈鸿祖撰《东城老父传》说："今北胡与京师杂处，娶妻生子。"大历十四年（779），"诏回纥诸胡在京师者，各服其服，无得效华人。……商胡伪服而杂居者又倍之，……或衣华服，诱取妻妾，故禁之。"① 八年之后，即德宗贞元三年（787），"胡客留长安，久者或四十余年，皆有妻子"。穆斯林妇女在华所生子女，叫作"土生蕃客"②，到北宋徽宗政和四年（1114），已出现许多在华居住五世以上的土生蕃客。

唐代外商"殖资产，开第舍，市肆美利皆归之"③，豪富者甚多。僖宗时，有位王酒胡捐钱30万贯助修朱雀门，后来又修安国寺。僖宗令能舍钱一千贯者撞钟一下，王酒胡径上钟楼，连打一百下，便于西市运钱十万贯入寺。其如此富贵，非今人所能想象。因而贪官污吏无不觊觎外商的财富。前引田神功杀商胡数千人，大掠其资产，又"（路）嗣恭前后没其（商舶之徒）家财宝数百万贯，尽入私室。"④ 对于外商的遗产，"旧制，海商死者，官籍其赀。满三月无妻子诣府，则没入"⑤。宋代朝廷对遗产问题的解决更加人性化，还特意颁发一个"蕃商五世遗产法"，用以解决外商在中国的遗产分配问题。

久居不归的"住唐"蕃客开办蕃学，接受汉学，学习汉文化。经过努力，他们当中有的颇有造诣，熟习儒家经典，能赋诗作文，甚至取科及第。唐宣宗大中初年，岭南节度使卢钧"得大食国人李彦升，荐于阙下。天子诏春司考其才。二年，以进士第名显"⑥。可见其学识并非一般。又如以贩卖香药为业的波斯商人李珣著有《海药本草》，他还有诗54首见于《全唐诗》第760卷。外商亦有入仕者，"有商胡康谦者，天宝中为安南都护，……官将军。……累试鸿胪卿"⑦。有些外侨还采用华人姓氏，如在华的阿拉伯人多以"蒲"（Abu）为姓。

据史籍记载，宋代广州已有了规模较唐代的礼拜堂更大的清真寺。宋代方信孺《南海百咏·咏蕃塔》记载，广州的"光塔下有礼拜寺称怀圣寺"。

---

① 〔宋〕司马光《资治通鉴》卷二二五《唐纪四十一》，中华书局1956年版，第7265页。
② 〔宋〕司马光《资治通鉴》卷二三二《唐纪四十八》，中华书局1956年版，第7493页。
③ 〔宋〕司马光《资治通鉴》卷二二五《唐纪四十一》，中华书局1956年版，第7265页。
④ 〔后晋〕刘昫等《旧唐书》卷一二二下《路嗣恭传》，中华书局1975年版，第3500页。
⑤ 〔宋〕欧阳修等《新唐书》卷一六三《孔戣列传》，中华书局1975年版，第5009页。
⑥ 〔唐〕陈黯《华心》，见〔宋〕李昉《文苑英华》卷三六四，四库本。
⑦ 〔宋〕欧阳修等《新唐书》卷二二五上《孙孝哲列传》，中华书局1975年版，第6425页。

除了怀圣寺，广东还有光孝寺、六榕寺、海幢寺、华林寺、弘法寺、南华寺、云门寺等，这些都是历史悠久、文物荟萃、闻名中外的古刹。唐代外商的聚居地多建有宗教寺院。景教和摩尼教也建有寺院。这些都为外商的宗教活动提供了方便。除了武宗会昌灭佛，在唐朝，外商的宗教活动是比较自由的。

外商既多，违法犯罪之事也就难免。唐律规定："诸化外人，同类自相犯者，各依本俗法。异类相犯者，以法律论。"① 这就是说，凡是外国人，同一国籍相犯者，按照他们自己国家的法律惩处；不同国籍相犯者，按照唐律惩处。外商固然适用于此法。这个条文表明，外商在唐朝有着法律的保护，惩处时受到照顾，这在今天仍不失其进步意义。唐代外商在华的社会生活虽然在某些方面受到干涉和限制，如明令禁止同汉人通婚，平时受到盘剥，乱时遭到劫掠，武宗会昌年间唐朝廷废止宗教，但是总体而言，外商拥有相对自由、宽松的社会生活环境，他们在中国的社会生活是比较稳定、富裕、安逸的。据苏莱曼说，878年，黄巢进广州城时，波斯、阿拉伯等国商人就有12万人。两宋时期，由于西夏阻断了大食与中国的陆路交通，海上航路便成为两国往来的唯一的渠道，广州、泉州、扬州则是阿拉伯商人频繁往来和留居的地方。去往海外的民间贸易往来也很频繁。有的史学家统计，两宋时期到高丽贸易的中国商人和水手，有记载可考的达5 000人之多。随着对外贸易的发展，中国的丝织工人和丝绸工具也传入波斯、阿拉伯国家，杜环的《经行记》在提到大食国时有"绫绢机杼""汉匠""织绣者"等，说明了中西往来这一盛况。

三、来华的外国奴隶

除了上述外国商人往来华（这里特指广州），还有一个值得注意的是一起到来的外国奴隶。早在唐代，岭南掠卖奴隶之风就盛行，广州是奴隶贸易的中心。除贩卖本国奴隶以外，亦有外国奴隶，其中以东南亚人、印度人、新罗人为多。东南亚土人皮肤黝黑、体格强壮，尤善潜水，号称"昆仑奴"。据《隋书·食货志》所记载："岭外酋帅，因生口（奴婢）、翡翠、明珠、犀、象之饶，雄于乡曲者。朝廷多因而署之，以收其利，历宋、齐、梁、陈，皆因而不改"，此亦可窥见外商雄厚的财富。摩洛哥旅行家伊本·白图

---

① 〔唐〕长孙无忌等《唐律疏议》卷第六《断罪无正条》，四库本。

泰在其《伊本·白图泰游记》中记载:"广州最大的街道是瓷器市,由此运往中国各地、印度、也门乃至我的家乡摩洛哥。"外商不断涌入广州,"城外蕃汉数万家",包括很多黑奴、昆仑奴,仍以"蕃坊"为聚居中心。为满足广州人口增加的需要,保护商人利益,广州花财力筑城,分别为子城、中城和东城,称"宋代三城"。城区面积达20万平方千米,为广州建城史上空前壮举(近年广州市政建设发现宋代城墙砖和城遗址,展示于今北京路步行街"千年古道")。

"诸国人至广州,是岁不归者,谓之住唐。"① 滞留广州的"住唐"蕃人,最引人注目的有"大石"(大食)和"昆仑"(马来)两大族类。他们构成广州外来人口的上下层,即屡见于文献的"蒲姓蕃客"和"昆仑奴"。前者,号"白番人",聚居"蕃坊",富甲一方,宋人岳珂的《桯史》卷十一对此记述颇详。后者(这里仅限于指出其类型化的特征)有的充当海舶水手,号称"骨论水匠",大多数则以奴仆身份执役于富户豪门家中。正如朱彧撰的《萍洲可谈》所描述:

> 广中富人,多畜鬼奴,绝有力,可负数百斤。言语嗜慾不通,性淳不逃徙,亦谓之野人。色黑如墨,唇红齿白,发卷而黄,有牝牡,生海外诸山中。食生物,采得时与火食饲之,累日洞泄,谓之"换肠"。缘此或病死,若不死,即可畜。久畜能晓人言,而自不能言。有一种近海者,入水眼不眨,谓之"昆仑奴"。②

广府的官员邸第,可常常见到昆仑奴的身影,有诗为证。例一,宋人丘濬《赠五羊太守》云:"碧睛蛮婢头蒙布,黑面胡儿耳带环。"③ 例二,郭祥正《广州越王台呈蒋帅待制》云:"鬼奴金盘献羊肉,蔷薇瓶水倾诸怀。"④ 诗中的"蒋帅"即广州安抚使蒋之奇,他也像五羊太守一样蓄养着被称为"鬼奴"或"黑面胡儿"的昆仑奴。岭南贩卖奴隶之风至宋元犹然。此外,唐朝长安西市及曲江池一带,充斥着胡人开设的酒肆,有衣着暴露的胡姬作招待,正如李白所描绘:"胡姬貌如花,当垆笑春风"。北宋初年的广州,还

---

① 〔宋〕朱彧撰,李伟国校点《萍洲可谈》卷二,上海古籍出版社1989年版,第26-27页。
② 〔宋〕朱彧撰,李伟国校点《萍洲可谈》卷二,上海古籍出版社1989年版,第28页。
③ 〔清〕厉鹗《宋诗纪事》卷一一,上海古籍出版社1983年版,第290页。
④ 〔宋〕郭祥正《青山集》卷八,四库本。

有波斯妇女招摇过市:"广州波斯妇,绕耳皆穿穴带环,有二十余枚者。"①

1955年出土于广州先烈路的东汉后期陶舞胡人俑

东汉后期的陶俑座灯,1999年出土于广州先烈南路大宝岗。俑为胡人脸型,眼睛细长,高鼻梁,尖长下巴,连腮胡子,头发束于脑后折向前成髻

广州西汉中期到东汉后期墓葬出土的一批托灯的陶俑和侍俑,我国学者胡肇椿等撰《广州出土的汉代黑奴俑》②,认为这些陶俑的形象异于汉人,也不同于一般的侍俑。托灯的陶俑有男性也有女性,侍俑均为女性,站立作捧物状。这两种陶俑的形象都是头较短、深目高鼻,两颧高,宽鼻厚唇,下颌较为突出,身材不太高。从刻画的胡子与胸毛来看,再生毛发达,有人认为这与印度尼西亚的土著居民"原始马来族"接近。这些俑的服饰特点是缠头、绾髻,上身裸露或披纱,侍俑下身着长裙如沙笼,亦与印度尼西亚一些岛上土著居民的习惯相似。但从深目高鼻的体形特征来看,他们似乎更有可能来自西亚或非洲的东岸。公元前2世纪前后,已有不少印度人移至印尼,他们与当地部落首领结合,在沿海一些地方建立奴隶制王国,有些土著居民被奴隶主当作商品往外贩卖。《汉书·地理志》载:中国往南海的船队,回

---

① 〔宋〕庄绰《鸡肋篇》卷中,中华书局1997年版,第53页。
② 参见胡肇椿等《广州出土的汉代黑奴俑》,《中山大学学报》(社会科学版)1961年第2期。

程航线是由黄支经皮宗的。这些奴隶可能是由中国船队带回,也有可能是由印度商人贩运而来,他们被贩到中国后,成了当时富家豪族的家中奴隶。

关于古代黑人的实物史料还有很多。唐朝诗人张籍曾写过一首《昆仑儿》诗,称:"昆仑家住海中州,蛮客将来汉地游。言语解教秦吉了,波涛初过郁林洲。金环欲落曾穿耳,螺髻长卷不裹头。自爱肌肤黑如漆,行时半脱木绵裘。"有学者总结了唐宋时期黑人奴隶主要来源于东南亚、南亚各地,他们来到中国的具体途径有以下三条:一种是东南亚或南亚国家作为年贡送往京城长安,或黑奴跟随使节入华被遗留,主要由印度尼西亚尤其是苏门答腊和爪哇贡奉和运入中国市场;一种是东南亚或南亚国家通过中国南方海港进行黑奴买卖;最后一种是作为土著"蛮鬼"被当时出没于阿拉伯海和波斯湾的唐宋海船直接掠卖到沿海或内地。据真人元开记载,海盗冯若芳劫取波斯舶,取物为己货,掠人为奴婢。"其奴婢居处,南北三日行,东西五日行,村村相次,总是若芳奴婢之(住)处也。"① 表明了唐代外来奴婢的一个重要来源是南海交通。另外,唐宋元时期也有极少数非洲黑奴来到中国的可能性,主要通过阿拉伯输入中国。唐宋元时期,正是我国与大食国往来频繁之时。据史料记载,仅在651—798年这一百多年间,唐朝与大食通使就达36次之多,因此大食国可将所蓄黑奴通过官方和私人的商船带入中国。

根据文献记载和实物史料,唐朝时在关中地区有黑奴在宫廷及贵族家庭中服役。除此之外,与南海各地接触较多的广州地区也分布普遍。而且广州的豪门贵族不仅自己使用黑奴,还将其贩卖到其他地方,如长江上游四川一带。黑人奴隶作为中国的官私奴婢,主要工作是从事看门、守夜、挑水、送饭和充当随从等家内杂役,另外充当水

1956年广州景泰坑出土的东汉陶舂米俑(左)、簸米俑(右)。一人持杆对臼而舂,一人扬箕以簸,这是汉代岭南地区常见的一种粮食加工方法

---

① [日]真人元开《唐大和上东征传》,中华书局1979年版,第74页。

手、修船一类的手工业劳动。

四、宗教交流往来

三国时期，南海一带为吴国所占有，黄武五年（226）孙权析交州东部置广州，以番禺为广州治所，这是广州得名之始。两晋南北朝期间，北方动乱不安，南方局势比较安定，大批汉人南迁，促进了广州腹地的开发。同时，由于我国西北对外交通的陆路不太方便，也使南海对外交通和贸易日益发展。《南齐书·东南夷列传》云："四方珍怪，莫此为先，藏山隐海，瑰宝溢目，商舶远届，委输南州，故交、广富实，牣积王府。"

在经济发展的基础上，唐采取了对外开放的政策，促进了中外人员和文化的往来交流。这期间，由海道来中国传教的僧人很多，如天竺国（今印度）高僧誉域、昙无耶舍、求那跋陀罗、达摩、智药、拘那陀罗等，广州的佛寺如王仁寺、王园寺（光孝寺）、净慧寺（六榕寺）、西来庵（华林寺）也在此时兴建，作为文化载体的佛教从此在岭南传播开来。我国僧人法显于东晋隆安三年（399）由长安循陆路前往天竺求经，在外十多年，后由海道回国，撰有《佛国记》。从中可以看到，当时广州和南海之间的交通和贸易已很频繁，航程可估计日数。中国高僧义净从广州由海路去印度求法，印度高僧达摩泛海来广州，东方朝鲜、日本的留学生在长安学习的人数众多，日本遣唐使来华之盛，这些在世界历史上都是罕见的。阿倍仲麻吕在华活动和鉴真和尚东渡日本，体现了中日两国之间深厚的友谊，已成为中日关系史上的佳话。据阿拉伯人苏莱曼《中国印度见闻录》载，唐代广州有很多伊斯兰教徒、犹太教徒、基督教徒、拜火教徒，还有大量佛教徒、道教徒和多神教徒，他们都在广州传播交流，与民间和平相处。尤其是西亚伊斯兰教、景教、祆教等假道海上丝绸之路传入岭南，保留至今的广州怀圣寺、光塔、广州先贤古墓等，即为伊斯兰教在广州的圣迹。阿拉伯语地名也在广州占有一席之地，如朝天街，阿拉伯语意为朝天房，诗书街为狮子街音译，海珠中路为送别巷音译，蓬莱北街为真主至大音译，这类地名集中分布在光塔路一带，与"蕃坊"范围一致，折射了岭南文化强大的包容性风格。意义尤为重大的是，唐代佛教大兴，外国高僧大德来华多在广州上岸，再北上其他地方，中国僧人也经南海西行求法，远至印度，梁启超称之为"留学运动"。学有成者不乏其人，如义净、慧超、不空等，皆名垂佛教史册。新建寺院也很多，在广东有光孝寺、六榕寺、海幢寺、大佛寺等，皆为重要禅林。特别是新兴人惠能创立南宗顿教，掀起中国佛教史上一场革命，使印度佛教中国化、平民化、世俗化，成为中国佛教文化的最高代表。惠能顿教后来又传播至泰国、朝鲜、日本及欧美，从岭南走向世界。

另外，宋代海上航行兴盛，航海保护神妈祖应运而生，成为我国沿海最普遍最重要的民间崇拜。其神宇林立，因是妈祖诞生地，福建最多。目前仅广东尚存妈祖庙100多座，海外也不少。而妈祖崇拜反映了勇敢无畏、正义慈爱的品格，与海上丝绸之路和平、平等、包容的精神是一致的，故妈祖崇拜千年不衰，已成为海上丝绸之路的一个表征和文化符号。

唐宋外商的在华活动，在经济、文化等方面对唐宋社会的影响是深刻而又久远的。其一，扩大了唐宋王朝的国际关系和国际影响，促进了中国与世界各国的友好往来和共同发展。商使在朝贡形式下礼尚往来的官方贸易活动，加强了唐宋王朝同世界各主要国家的政治联系，扩大了唐宋王朝的国际关系。往返中国的民间外商真正认识了中国，他们回国后的宣传，使中国走向了世界，扩大了唐宋的国际影响。这些为此后中国和世界各国建立友好关系、发展深厚友谊奠定了基础。其二，促进了商业发展，活跃了商品经济。在农业、手工业发展的基础上，唐宋时期商品经济出现了一派繁荣景象。"天下诸津，舟航所聚，旁通巴汉，前指闽越，七泽十薮，三江五湖，控引河洛，兼包淮海。弘舸巨舰，千轴万艘，交贸往还，昧旦永日。"① 而大量外商的介入，使商品交换的规模更大，形式更广，种类更多，为其注入了新鲜的血液，增添了丰富的内容，活跃了唐宋的商品经济，促使唐宋商业的发展进入一个新的阶段。其三，增加了财政收入，增强了经济实力。唐代中后期，所谓"兵食所资在东南"②"赋取所资，漕挽所出，军国大计，仰于江淮"③。除了当时江南农业、手工业的迅速发展，更重要的是商业的繁荣昌盛所带来的丰厚税收，凡在东南为宦者靡不捆载而归。由于当时对外贸易的重心已由西北陆路转向了东南海道，因而商税中外商的税额占有很大比重。掌管交易的市令、市丞向外商征收贸易税，市舶司向外商征收舶脚，即下碇税，相当于今天的关税，二者数额之大，"上足以备府库之用，下足以赡江淮之求"④。外舶之利成为唐代财政收入的一个重要来源，壮大了唐宋王朝的经济力量。其四，丰富了人民的物质生活。唐宋外商中虽然有许多商人从远

---

① 〔宋〕王钦若等《册府元龟》卷五〇四《关市》，四库本。
② 〔宋〕欧阳修等《新唐书》卷二〇二《萧颖士列传》，中华书局1975年版，第5369页。
③ 〔唐〕权德舆《权载之文集》卷四七《论江淮水灾上疏》，见《全唐文》卷四八六，四库本。
④ 〔唐〕张九龄《曲江集》卷一七《开凿大庾岭路序》，四库本。

方运来的是珍珠、宝石、玛瑙、珊瑚、香料等高级奢侈品,只满足了社会上层贵族的奢侈欲望,但更多的外商从异域带来的是广大百姓所喜爱的花果、蔬菜、药物等珍贵特产,例如,大食的椰枣树、茉莉花,波斯的枣、药材,新罗的人参,日本的楠木,天竺的胡椒、郁金香,尼婆罗的菠菜、胡芹等,则丰富了人民的物质生活。另一方面,外商输出了丝绸、瓷器、茶叶等中国特产,将中国文明传播到了世界各地。外商对唐宋时期中外经济交流做出了突出贡献。其五,丰富了中国文化的固有内容。商人贸易与文化交流是密切相关的。入唐的外商带来了珍异物产,同时带有各自国家的风俗习尚。唐代文化,在饮食方面,胡食广为人爱;在服饰方面,胡服极为盛行;体育活动方面,波罗球颇为流行;音乐舞蹈方面,胡旋舞、胡腾舞、霓裳羽衣舞风靡一时;宗教方面,景教、祆教、摩尼教广泛传播等。日本学者木宫泰彦在谈到唐文化面貌时说:"唐的文化,并不单是汉人的文化,而且夹杂着来自四面八方的外国文化,尤其是夹杂着印度系统和伊朗系统的文化,这是很显著的事实。"陈寅恪先生说:"唐代以异族入主中原,以新兴之精神,强健活泼之血脉,注入于久远而陈腐之文化,故其结果灿烂辉煌。"宋真宗时,宋朝"纂集大中祥符八年以后朝贡诸国,绘画其冠服,采录其风俗,为《大宋四夷述职图》",并尤其注重了解海外各国的风土人情、概貌,都不同程度地受到西方外来文化的影响。域外文化与中国文化的融合交汇,使得唐文化异彩纷呈,博大精深。

直至今日,世界上还有不少国家仍然沿用"唐人""唐文化""唐物"以及"唐人街"的美称。唐宋时期广州海外贸易的繁荣并能够较长时期保持开放,在历史上留下重大而又深远的影响,证明了唐宋时期中国不仅是政治、军事大国,而且也是世界上经济发达的大国。再者,广州对海外贸易的开放,使得外籍人员大批来华久居,有的在朝廷入仕当官,有的与汉人通婚。他们以能够进入中国为荣,以保持与中国的友好关系为幸;进口中国商品,也感到美的享受。作为唐宋时期的广州,偌大城池,在全国是第一个始泊港,在外贸史上起着举足轻重的作用,这都是古代广州在海上丝绸之路贸易上所取得的举世瞩目的成果。

第三章
活跃于对外贸易中的商人

第一节　广东十三行

明朝末年没有海禁，广东海外市场兴旺，出现大宗进出口贸易，这就需要中介商人，于是产生了牙行。康熙二十五年（1686）四月，清廷既要"严华夷之大防"，又要保证对外贸易的顺利开展，于是广东官府便组织和指定一些商人专管广东对外进出口贸易。这就是广东十三行商人出现和行商制度创建的重要背景。

广东行商制度是明代官设牙行的沿袭和发展。康熙二十四年（1685）设关通商时，沿袭明代前例，用牙行商人主持经营对外贸易。《粤海关志》记述："设关之初，番舶入市者，仅二十余柁，至则劳以牛酒，令牙行主之，沿明之习，命曰十三行。"十三行产生于粤海设关的第二年（1686）。当时，国内外运到广东海口的商货很多，行商却很少，造成货物"壅滞"。为了加强管理，适应开关后发展中的对外贸易的需要，保证关税的征收，广东巡抚李士桢会同两广总督和粤海关监督（关长）商酌决定，用广东巡抚的名义以法令形式发布"分别住行货税"的文告，把从事国内沿海贸易的商人和从事对外进出口贸易商人的活动范围及其性质划分开来，设立金丝行、洋货行。来广东省本地经商，一切落地货物，分别住税报单，皆投金丝行，赴税货司纳税。其外洋贩来货物及出海贸易货物，分为行税报单，皆投洋货行，等到出海时，洋商自赴粤海关部纳税。由此，从事国内外贸易的商行被区分为"金丝行"和"洋货行"两类不同性质的商行，明确规定"洋货行"是专门经营对外进出口贸易的机构。该文告还大力鼓励有钱人承充洋货行商，同时为保障行商的地位，规定承充行商者必须是"身家殷实"之人，并须经地方官府核准，发给证明（行帖），才能承充。即使一人兼营二行，也应分别设行，各立招牌。这样，经营对外贸易就成了一种专门行业，从事该项贸易的行商就具有官商性质，从而形成了垄断对外贸易的特殊制度——行商制度。洋货行即是十三行。乾隆初年，"金丝行"改名"海南行"，"洋货行"改名"外洋行"，简称"洋行"。由此，广东十三行（又称广州十三行）行商制度又叫"广东洋行制度"。广东十三行，是封建社会商品经济发展和清朝对外贸易政策的产物。

根据广东巡抚李士桢"分别住行货税"的文告,初期广东行商制度的主要内容和特点有三个:其一,充当经营对外贸易的洋行商人要身家殷实,而又以自愿承充为条件,承商的办法是经商人自愿呈明广东地方官府批准,并领取官府发给的行帖,方能开业;其二,在广州和佛山原来经营商业的"商民牙行人等",有自愿转业承充洋商的,可以自由选择,或呈明地方官承充,或改换招牌;其三,洋货行商人对粤海关承担的义务,是负责把外洋进出口货税在洋船出口时亲自赴海关缴纳,禁止税收人员从中勒索。

最初的一批洋货行商人多数是由原来在广东经营国内商业和对澳门陆路贸易的"商民牙行人等"转化而来的。洋货行商人的籍贯,以福建、广东居多。广东十三行和原来在广东的"藩商"还有着直接的历史渊源。清初"藩商"中的一些人,在粤海关开关后不久,身份就转化为洋货行商人。十三行的性质跟过去的牙行有所不同,它除了介绍买卖双方进行贸易外,还组织货源、推销商品、代商人向海关交纳关税,还代政府对外商宣读文告、进行管束,使广州地方政府和海关减轻了很多工作,受到政府和海关的支持,广州的行商也因此在对外贸易活动中,依靠政府给予的特权,垄断了广州整个对外贸易,形成了一个"公行"贸易制度。公行确立于康熙四十二年(1703),最初由官方指定一人为外贸经手人,此人纳银 4 万两入官,包揽了对外贸易大权。后来,各行商从自身利益出发,联合组织起来,成立了一个行会团体,即所谓的"公行"。据史料记载,于 1720 年 11 月 26 日,公行众商"啜血盟誓",并订下行规。

公行成立时虽未能得到正式批准,广东官府对公行还是支持的。粤海关监督命令,除几种商品在行商加保条件下(交货价百分之三十左右予公行),允许行外散商与外商交易外,其他商品仍然完全归行商垄断经营,一切进出口税饷仍然由行商负责缴纳。行商一方面垄断广州进出口业务,进口货物由其承销,出口货物由其代购,并且负责划定进出口货物的价格及向海关保证缴纳进出口关税,即所谓"承保税饷",所以行商又称为"保商"。开始,"保商"只是保证向海关缴纳他所接纳的外商应付的进出口货税;后来,由于行商中有一些"资本微薄、纳课不前者",于是从乾隆十年(1745)起,在行商中选择殷实之人作为"保商",令其统纳入口税款。乾隆十九年(1754),清政府更令以后凡外船之船税、出口货税、贡银,清廷搜罗之珍品(采办官用物品),俱由行商一二人负责保证,并规定不但外商拖欠税款由行商负连带责任。而且十三行内有一行倒闭,各行要负责分摊清偿债务,这就形成了"保商制度"。此后"以商制夷"的办法在保商制度中越来越多地得

到运用。

乾隆二十年（1755），清廷又重申行商承揽茶叶、生丝、布匹、绸缎、糖、大黄、白铅等大宗出口货的贸易，只有扇、刺绣、皮靴、瓷器、牙雕等八种手工业品允许行外散商、铺商在行商加保的条件下与外商交易，违禁者则要受到惩罚。这就进一步加强了十三行对外贸的垄断。从雍正年间开始，以英国为首的西方殖民者在我国沿海大肆活动，与沿海奸商相勾结，使清朝统治者深感不安。在乾隆二十二年（1757），清廷重新实行严格限制对外贸易的闭关政策，封闭了江、浙、闽海关，只留粤海关一口通商。广州成了全国唯一通商口岸，广州十三行也就一跃而为垄断全国对外贸易的组织了。由于对外贸易只限于广州一地，广州的贸易特别繁荣起来，十三行的内外事务也特别繁杂、内部竞争特别激烈，亟须有一个统一的组织。乾隆二十五年（1760）潘振承等九家行商为了统一价格，避免竞争，以及为了承保税饷、应付官差、备办贡品等方便起见，呈请设立公行，获得清政府批准。这是公行正式为官方批准作为经营对外贸易机构的开始。当时，参加公行的各行商选出首倡组织公行的同文行行商潘振承为首领以处理公行的内部事务。这种公行的首领，称为"总商"。清政府严格限制对外贸易的闭关政策，重点放在"防夷"方面。

在广州行商制度下，十三行掌握了对外贸易的经营权，外商投行后，报关纳税以及出售购办等，一切贸易事务均由行商代理，日常生活也受行商约束，如不得擅自出入商馆，雇用华人不得超出规定之数，不得携带妇女入馆等。十三行行商成为外商商务的全权代理人。行商除了起垄断贸易、"代办"贡品、保纳税饷、管束外商等作用外，还要代清廷传达政令、文书，外国人的要求和礼品书信等亦由行商向官府传达，不准外商和中国政府直接交往。行商成了清政府与外商之间联系的正式媒介，兼有商务和外交的双重性质。清廷还进一步规定，行商（特别是殷商）不能自由辞退，即使是老弱病残无力承商，也应由其亲信子侄接办。如总商潘致祥于嘉庆十三年（1808）花去十万两银子的贿赂款，已允许辞退，而六年之后，两广总督蒋攸铦仍强迫其再充行商。蒋攸铦向上奏称："（潘致祥）身家素称殷实，洋务最为熟练，为夷人及内地商民所信服。从前退商，本属取巧，现当洋行疲敝之时，何得其置身事外，私享厚利，应饬仍充洋商。"① 这个做法得到了皇帝钦准。另外，行商把行务移交其子侄，也要向官府交付巨款。如1826年总商伍秉鉴

---

① 广东十三行，豆丁网，http://www.docin.com/touch-new/index.do。

为把行务交与儿子伍受昌，竟向海关监督交付了50万元。清廷就是通过这样严厉的承商制度，逐步使十三行的商业资本置于清朝封建权力支配之下，并发挥其政治上"防夷"，经济上确保税收的作用的。

十三行是拥有垄断中外贸易特权的商业组织，又是清王朝控制中外通商的枢纽和保障关税收入、防范外国人的工具。广东行商制度是清王朝管理对外贸易的重要制度，是构成清王朝严格限制对外贸易政策的重要内容，反映了当时清朝对外贸易的封建垄断性质。十三行存在于中国封建社会的"末世"，与清王朝在经济上有着密切的关系。粤海关的税收是庞大的，而十三行则是粤海关征税的总枢纽。粤海关所征收的税饷，有90%是经行商承保输纳的。十三行经手的这些税款，主要是为清王朝以及皇室的财政开支服务的。对于清朝统治者来说，有限度的对外贸易，主要是为了增加国库收入和满足他们的奢侈生活。

十三行原来纯属牙行性质的代理商，由于清政府赋予其特权，就变成了专门包办对外贸易的具有官商性质的垄断机构。行商依赖官府，但又与清朝统治者有矛盾。清朝统治者对行商的掠夺和压迫，是造成大多数行商破产的极重要原因。清朝统治者给行商以外贸特权，主要是想从他们身上取得更多的钱财。行商的封建负担，最经常性的是每年都要采办贡品和例进"常贡"银两。进献给皇帝大批价值昂贵的各种珠宝珍玩都是"委托"行商采办，价值亦由行商"赔垫"。除了常备贡物和贡银外，行商对政府的各种临时性报效、捐输，数目更是十分巨大，"由是行商困苦之情不觉流露矣"。[①] 此外，保商制度也常给行商造成赔累。行商还要常受广东地方官吏的剥削勒索。行商因拖欠税饷、所保外商违法，或行商本人违禁，向外商借款和拖欠外商债务等原因，被政府逮捕下狱、鞭挞甚至抄家和发配到新疆伊犁充军的事，几乎年年发生。这更是清政府对行商的残酷的政治压迫。关吏横行，"不但不禁除究治，而妄罪于行商、通事、买办人等，此实纵之，无怪乎内司吏书及总巡馆黄埔沿途关口之勒索，年甚一年也"。[②] 因此，十三行商人有的富可敌国，有的倾家荡产，甚至被判刑戍边。十三行的商业资本，具有非常复杂的属性和特点，清朝统治者的重压政策，极不利于对外贸易的发展。在19世纪20年代以后几乎所有行商都面临着倒闭歇业的危机，十三行不可避免地走向衰落甚至最后被废止。

---

① 梁嘉彬《广东十三行考》，广东人民出版社1999年版，第89页。
② 梁嘉彬《广东十三行考》，广东人民出版社1999年版，第130—131页。

十三行的对外贸易,促进了社会经济的发展。十三行每年进出口总值在18世纪末期已达1 300～1 800万银圆,到19世纪30年代则约值4 000万银圆。这就促进了商品生产和货币关系以及沿海城镇的发展。广东、福建、江西等省专为出口而生产的行业,特别是丝织业、种茶业十分兴盛。由于贸易的繁荣,广州工商业得到了高度的发展。当时在广州有直接或间接与进出口贸易有关的商家近千户,另有茶商一千多,手工业如丝织业技术上达到很高水平,"粤缎之质密而匀,真色鲜华,光辉滑泽,不褪色,不沾尘,皱折易直,故广纱甲于天下"。广东的澄海自开港以来,各种货物"千艘万舶",由此输送到各地。而每当春秋季风来时"扬帆捆载而来者,不下千百计"。澄海这个不大的地方,竟也变成"高(商)牙错处,民物滋丰"的"海隅一大都会"。顺德诗人罗天尺写下了《冬夜珠江舟中观火烧洋货十三行因成长歌》,曰:"广州城郭天下雄,岛夷鳞次居其中。香珠银钱堆满市,火布羽缎哆哪绒。碧眼番官占楼住,红毛鬼子经年寓。濠畔街连西角楼,洋货如山纷杂处。"这些都刺激了资本主义萌芽的成长,密切了内地与边远地区、城市和农村的联系。但是,19世纪20年代后十三行进口的纺织品,对中国的棉纺织业有一定的冲击,而后期勾结外商走私鸦片,白银从流入变为流出,以及烟毒散布,十三行也是难辞其咎的。

第二节　广东商帮

广东拥有优越的人文地理环境，历史上虽然开发较晚，但到了明代，其生产力水平已赶上了长江和黄河流域，跨进全国经济先进地区行列。明清时期，朝廷对广东实行开放的对外贸易政策，广东商帮从此崛起，并称雄海内外商界，成为明清时期中国十大商帮之一。广东商帮的崛起，除了有其自身的原因外，跟当时的社会环境和广东这块宜商的土壤是分不开的。

由于海外贸易在岭南社会经济的地位，形成了以海为商，富于冒险的岭南商业文化，商帮集团、商行和会馆是其代表性的商业景观。明清时期，以粤商为主体，形成了专门从事海上贸易活动的商人集团。根据不同的方言，广东商帮可分为以讲广州方言为主的"广府帮"，讲潮州方言为主的"潮州帮"，讲海南话为主的"海南帮"和以讲客家话为主的"客家帮"等多个商帮。其中，广府帮商人中最具代表的是广州十三行商人。根据经营商业的项目，明清时期的广东商人可分为牙商、盐商、铁商、米商、糖商、丝绸商、陶瓷商、烟草商、典当商、布商、药商等，其中以牙商最为著名。受地理环境、文化教育、生活习俗等各种因素的影响，广东各个地方的商人，风格迥异，各不相同，各有各的生财之道，各有各的经营之术。这就形成了广东商帮"八仙过海，各显神通"的特点。但广东商帮的经营模式往往具有很强的地方认同情感，地缘和血缘是其维系的纽带。因而，粤商会馆广布于海外，起到联络乡情，互通信息，团结互助，保护同乡利益，为同乡谋福祉的作用。另外，南海商帮集团在与洋人的商贸往来过程中，促使了洋务人才的成长，"粤人与洋人相处有素，其营生外洋各埠者几百万人，不独文字语言通晓者众，即西洋之法律、西洋之艺能亦多所娴习。"[①] 岭南亦成为近代中国洋务运动的发祥地之一，并为近代中国培养了大批洋务人才。

在广东商帮中，势力与影响最大的是以广州港为根据地、涵盖珠江三角洲在内的广府帮和以潮州港为根据地、包括韩江三角洲商人在内的潮州帮。广府帮商人主要从事对外贸易，其特点是亦官亦商；而潮州帮则主要是亦盗

---

① 马一：《晚清驻外领事以粤籍为主体的原因探析》，《南洋问题研究》2012年第1期。

亦商；客家帮形成较晚，其特点相比较而言没那么鲜明。

一、广府帮

明末清初岭南著名诗人屈大均，曾写有四首《广州竹枝词》描写当时广州的盛况，其中一首云："洋船争出是官商，十字门开向二洋。五丝八丝广缎好，银钱堆满十三行。"屈大均这首词开篇第一句，就道出了广府帮商人的特点——亦官亦商。诗中所提到的"十三行"，就是指经营进出口贸易、广州著名的十三家牙行商人。

康熙二十三年（1684），清政府宣布开放广东、福建、浙江、江苏四省沿海为通商贸易地点，并于第二年在广州、漳州、宁波、云台山设立四个海关，主持对外贸易。其时，荷兰最早被批准与广州贸易，随后英、法、丹麦、瑞典也来广州设立商馆，其中英国来船最多，贸易额最大。清廷继承了

十三行行商与外国商人交易往来

明朝的传统，既要广州对外通商，又规定外国商人不得与其他中国商人发生直接买卖关系，外国商人来华交易，都要找朝廷指定的行商作为贸易的经纪和代理，这些指定的行商所开设的对外贸易商行，俗称"十三行"。十三行实际上是一个拥有商业特权的官商团体，由多家商行、洋行组成。最早的十三家商行是：怡和行、广利行、同文行、同兴行、天宝行、兴泰行、中和行、顺泰行、仁和行、同顺行、义成行、东昌行和安昌行。十三行的职责主要是：承销外商进口商品；代表外商缴纳关税；代表政府管束外国商人，传达政令，办理一切与外商交涉事宜。所以十三行既是私商贸易组织，又是代表官方管理贸易和外事的机构。1720年以后，清廷命令行商实行一种"保商"制度，外国商船到岸，必须找一家行商保商，保商对船的货物有优先购买的权利。

乾隆二十二年（1757），清廷下诏关闭浙江宁波、福建漳州和江苏云台山三地口岸，只保留广东广州一地口岸，史称"一口通商"。广州成为全国唯一对外通商口岸，规定所有进出口物品必须由十三行行商办理。如茶叶贸易，全国的茶叶出口集中在广州，皖、闽、粤、浙等省的茶商都须汇聚广州，通过十三行行商与外商进行茶叶交易。十三行这一特权官商，实际上垄

十三行商人与番鬼谈生意的情景

断了中国的外贸市场。十三行的鼎盛时期是清乾隆至嘉庆年间。那时候，十三行内外樯桅林立、彩旗飞扬、熙熙攘攘，热闹非凡。一包包绫罗绸缎、茶叶、陶瓷堆积如山，来十三行交易的有英、法、丹麦、瑞典、荷兰、巴西、俄罗斯、葡萄牙、西班牙和东南亚数十个国家和地区，十三行因而获得大量的财富。组成十三行的商行数目并不是固定的，而是经常在变化。十三行最多时达几十家，其中以四大巨富潘振承、卢观恒、伍秉鉴、叶上林分别创办的同文行、广利行、怡和行、义成行最为著名。

潘振承三代以经营丝、茶为主，财雄势大，资压群侪。数十年中，潘氏家族受到华商绅士拥戴，连续被选任为十三行首领。潘家在珠江南岸有一豪宅，金碧辉煌，古玩、珠翠琳琅满目。潘家经常在宅内大摆筵席，还设有能容纳百人的表演剧场。潘振承的孙子潘正炜是个十分有作为的商人，被誉为能诗能文能画的"三绝清才"。1842年，法国巴黎一家杂志社报道，潘氏家族第三代孙潘正炜的财产总额超过一亿法郎。当年，英军勒索广州当局缴交赎城费，潘正炜捐白银64万两。鸦片战争期间，在英军即将进入广州，面临城毁国亡的紧急关头，潘正炜带头捐资26万两白银，联合十三行富商，购买战舰一艘，作为海上防御之用。

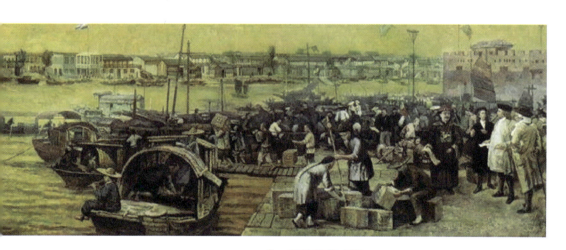

十三行的贸易盛景

伍家发迹稍迟于潘家，但后来居上。伍秉鉴，商名又叫伍浩官，在十三行经营怡和行。伍浩官不仅是广州首屈一指的富商，而且还是世界上少有的富翁之一。1834年，伍浩官拥有资产2 600万两白银，美国《华尔街日报》称他"拥有世界上最大的商业资产，天下第一大富翁"。他在西方商界享有很高的知名度，甚至美国第一艘商船下水，亦以其名"浩官"命名。有个美国商人欠了伍浩官72 000元银票，因而滞留广州，无法回国。伍浩官当面把他的欠条撕碎，说账已结清，他想什么时候走就什么时候走。由此，伍浩官之名在美洲备受称赞达半个世纪。伍浩官不但在国内拥有地产、房产、茶山、店铺和巨款，而且在美国投资铁路、证券交易和保险业务等，他的富有在当时举世瞩目。

朱树轩在《羊城竹枝词》中，形象地描述了当时十三行的盛况："番舶来时集贾胡，紫髯碧眼语喑呜。十三行畔搬洋货，如看波斯进宝图。"然而，这种亦官亦商的现象到了鸦片战争之后，却已是风光不再。因为鸦片战争后，上海很快取代广州成为中国对外贸易的中心。但是，广府帮商人并没有就此沉寂，他们中原先与外商有种种联系的买办、通事等人，同外商一起转移到了上海。据道光年间《筹办夷务始末》记载：早期买办，"多系旧日洋商行店（指十三行）中散出之人，本与该夷素相熟悉"。广府帮买办随洋商转移到上海，最早是在19世纪40年代。有几个著名的洋行，都在上海设立分行，如怡和洋行在上海设立分行，伍浩官即前往开辟。旗昌洋行到上海设立分行，最初从广东带去三名买办，其重要股东唐廷枢、唐茂枝、徐润等均为广府帮商人。宝顺洋行由徐钰亭任上海分行首任买办，其弟徐荣村、侄徐润继任该分行买办。该行在香港、天津、九江、汉口等处的分行，任买办者俱是广府帮商人。

19世纪70年代，由洋务派官僚李鸿章创办的上海招商局，几乎都是由广府帮商人，尤其是香山县的买办商人支撑的。先后主持局务的唐廷枢、徐润和郑观应都是香山人，故香山被称为"买办的故乡"。香山不仅涌现了大批买办，而且他们中的一些人还成为中国近代史上的重要人物。例如，唐廷枢、徐润、郑观应等几个家族，吴健彰、林钦、容闳、叶廷眷等人，他们以上海为基地进行活动，业务涉及南北各省及长江内陆沿岸。在天津，怡和洋行的正副买办梁彦青、陈祝龄，太古洋行买办郑翼之，仁记洋行买办陈子珍，华俄道胜银行买办罗道生，德华银行买办严兆祯，都是广东香山人。据王韬《壕埧杂志》载，迄19世纪70年代，上海洋行买办仍是"半皆粤人为之"。直到20世纪，宁波籍买办在沪的势力才超过粤籍买办。广府帮买办在上海的发展引来了大批粤人，到清末，旅沪粤商达十七八万人，上海曾一度被称为"小广东"。1879年9月5日《申报》记载："广帮为生意中第一大帮，在沪上尤首屈一指。居沪之人亦推广帮为多，生意之本惟广帮为富。"1899年叶雨田在《广肇会馆序》中说："沪渎通商甲于天下，我粤广肇两郡

或仕宦、或商贾，以及执艺来游，挟资侨寓者，较他省为尤众。"家资殷实的买办自然不会满足于现状，于是出现"久贾而官"的现象。值得注意的是，他们不仅捐官取得官阶与官职，而且担任了重要的实职，拥有政治上的地位，并在政治上有所表现。报捐功名而获得官衔的买办，由于政治地位的提高，因而有利于从事经济活动，这方面最明显的例子是唐廷枢。唐在进入招商局之前已捐得同知，随着他在办理洋务企业方面的成绩，升为道台。李鸿章甚至保举他"才堪备各国使臣"之任。唐氏本人虽辞去买办之职，但他与洋行的关系并未切断，唐氏家族依然是广府帮买办群体中的龙头。由商入官方面，徐润、郑观应与唐廷枢情况相同。他们追随李鸿章从事洋务活动，都有明显的成绩，而本人及其家族也仍然是买办群体中有重大影响力的角色。吴健彰到上海之后，捐资获道员衔，分发浙江差用，后在外国人支持下，当上苏松太道兼江海关监督，任职期间仍与夷人伙开旗昌行。叶廷眷两次署理上海知县。容闳曾被曾国藩派往美国，为江南制造总局购买机器，旋以驻美副使兼留学生监督身份任职数年，后来还应郑观应之求，代觅上海机器织布局的洋员技师。当然，买办捐官的未必占多数，不过，这批人官商兼具的身份，在买办中产生的影响和所起的作用是难以估量的。这些具有官方色彩的广府帮买办，后来成了中国资产阶级的一个组成部分。

二、潮州帮

与广府帮亦官亦商的特点不同，潮州帮则主要是行商。造成这种区别的根本原因，不是经商者的出身与社会构成，而是封建朝廷的海上贸易政策制约了从商者的经营方式，也决定了从商者的观念与社会构成。潮商崛起的明清之际，也是中国大多数商帮形成之时。当时潮州商帮与广府商帮组成广东商帮，其人数之众、经营范围之广、商业资本之雄厚为世人所瞩目。潮州商帮经营商业的足迹遍及海内外，国内主要是北京、上海、广州等地，更多的活动还是在海外。《潮州府志》说：潮州人"舶艚船，则运达各省，虽盗贼、风波不惧"。

自古以来，重农抑商是传统的观念，严格控制外贸口岸是封建王朝的一贯政策。广州是全国沿海城市中的幸运儿，从唐置市舶使直到明清的海禁时期，一直是全国仅有的少数几个通商口岸之一。广州的海上贸易与口岸进出货物，是合法行为。官方为获取税收利润，对其进行保护、鼓励，以招远客。相反，地处粤东一隅的潮州就难以享受这种待遇。唐宋时期的潮州城，虽是粤东一带的货物集散地，对外贸易日渐增加，但却并未有直接的外贸经营权。这种政策无疑限制了潮州的商业活动。沿海居民为了谋求生路，一方面由海外贸易转向经营沿海航运，另一方面积极进行走私，一时海盗盛行。官府在打击无效的情况下，对海盗实行招安，于是造成了官、盗、民之间的界限相当模糊。明朝初期以及清朝初期，中央朝廷为了维持体制及国防，禁止民间商人进行海外贸易，实施海禁政策。但是，福建帮与潮州帮等海商集团，为了谋求海外贸易的高利润，仍冒着风险，突破海禁封锁线，在中国东南沿海与南中国海频繁地同外国商人进行海上贸易。当时海商要面对多重风险，一方面要付出商船与水手等的庞大费用，另一方要因违反朝廷的海禁法律而受罚，或者在海上碰到海贼而被劫去商品。所以海上商人就以合资经营的形式结成武装海商集团。潮州帮的林道干海商集团，也曾为了谋求海上贸易的利益，抵抗了明朝政府的海禁，"横行海上"30年。他出生于潮州惠来，率领100艘武装商船与5 000多名部下，在中国台湾、安南、暹罗与柬埔寨之间进行海上贸易。1573年，林道干被明朝政府军包围，率领部下2 000名，逃至暹罗的北大年定居，并与北大年国王的公主结婚，努力开拓北大年。其后，北大年港还改名"道干港"。马来西亚沙巴有一个小港，至今仍被称为"林道干港"。从明初开始长达200年的海上走私贸易，不仅对潮州商帮的形成有直接的关系，而且对潮州商人的经营特点有深远的影响。潮商由此形成了坚韧不拔而又善于寻找机会、铤而走险，四海为家而又勇于开拓的精神，以及重视血缘、地缘、团结的自立能力。

古代潮商不如晋商、徽商著名。潮商的崛起也是在明朝以后。大概在明正德年间（1506—1521）私人海外贸易兴起后，潮州沿海居民开始大规模地投入海上商业冒险活动。到明中后期大批潮州人以船为伴涌向海潮波涛之中。入清以来红头船便成为潮州商人的象征。"红头船贸易"是近代粤东地区特有的一种商贸形态，它既有物质贸易，也包含移民交易，或以物质贸易为幌子进行移民交易。而清代潮州与南洋的航运，是从中暹大米贸易开始的，旧澄海县的樟林港是潮汕地区与暹罗（今泰国）进行"红头船贸易"的繁荣商港。早期的大米贸易，都是由暹罗船运载。这些船只，大部分是旅暹潮籍华侨经营的，船员几乎全是中国人。乾隆年间（1736—1796），准许商民前往暹罗采购大米，潮州很快就发展了一支远洋帆船队。为了适应远洋航行的需要，原来有双桅、单桅之别的"潮州红头船"，发展成为"翘首高舷，备大桅樯三具"①的远洋大帆船。据《樟东风物记》介绍，红头船有大

---

① 转引自曾晓华《岭南最后的古村落》，花城出版社2013年版，第69页。

小之分,大型红头船长二十余丈,载重数百吨,有三桅,中桅高挂主帆,上下叠帆,头尾桅也各挂一帆。好风时,中桅两侧又添置翼帆,名双开翼,以招风,叫作"四帆开笑"。全船六帆齐发,宛若云鹏展翅,船上置指南针以导航,这种船称"远洋红头船",专门航行南洋诸国,俗称"洋船"。小型红头船也叫"沿海红头船",长十余丈,专载糖包等货上北方港口,俗称"糖蛋龟"。红头船最初是以申请运入大米而营运,但是这项生意获利甚微,因此洋船主们就改运那些有利可图的货物。从南洋运回来的有象牙、珠宝等奇珍异物,犀角、肉桂等贵重药材,暹绸、胡椒、香料、番藤等特产,只象征性地运载点大米以备查询。南洋的高级木料,如柚木、桑枝、铁梨木、盐柴等,也作为"压载物"而运进来。由潮州运往南洋的有潮产的陶瓷品、潮绣、雕刻、蒜头、麻皮、菜籽等,还有从北方转来的人参、鹿茸、兽皮、丝绸等,这些货物,在南洋各地很受欢迎,获利丰厚。几年间,洋船业就蓬勃发展起来了。

位于澄海市红头船公园的"红头船"

潮商的辉煌时期，主要是在近现代。在近代，由于外国经济势力的侵入以及中国缓慢地迈开近现代步伐，晋商、徽商等因为固守传统而日渐式微，而潮商却伴随着近代海外移民的高潮而崛起于东南亚和中国香港地区。潮商虽然从来没有像晋商和徽商那样称霸中国商业，但在世界商业史上，潮商曾经赢得了全球性的声誉，光芒远比晋商、徽商耀眼得多。西方曾经有这么一种说法：智慧装在中国人的脑袋里，财富装在犹太人的口袋里。而潮州人不仅具有中国人聪明的脑袋，而且还以善贾闻名，是东方的犹太人。"东方犹太人"的美誉无疑是对潮商极高的评价。

三、客家帮

与广府帮和潮州帮相比，客家帮商人形成相对较晚。广州一口通商制度和十三行垄断贸易制度，不仅促进了广州对外贸易的发展和繁荣，推动了广东社会经济的发展，也促使了广东商业以及广东商人的崛起。由于广州是中国对外贸易的唯一口岸，中国内地的商品就大批地源源不断地运至广州出口，而外国商品也通过广州集散，然后销往全国各地，广州因而更成为"洋货"和"土特产"的集散中心，佛山成为"广货"和"北货"的集散中心。于是，广东商人便成群结帮地把洋货贩运到全国各地，并购买大批土特产回到广州出口；而外省商人也成帮结队地把本地的土特产贩运到广州来出口，而把洋货、广货运回本地销售，当时称为"走广"。这样一来，客家商人就自然作为沟通广东与福建、浙江、江苏以至全国商人的长途贩运者而活跃起来。与此同时，清朝初年，清政府大力鼓励广东和福建人迁入四川垦殖，大批客家商人抱着求富心理到四川去经商贸易。

广东商帮的形成，还与广东悠久的商业传统和浓烈的商品意识有密切的联系。自秦汉以来，广东就一直是对外贸易的重镇。千年的商业沉积，孕育了广东人强烈的经商意识，促使了广东商人在明清时期的发展。明清时期的广东商人辛勤地经营，为中国古代商业的发展做出了巨大的贡献。商帮不仅是区域经济的催生力量，也是世界经济复兴的重要力量。商帮文化承载了中国数千年的商业文化精髓，对于从事经营管理工作，是一门很好的教材，同时对完善现代商业文明仍然有着借鉴意义。

四、著名的四大行商

黄启臣先生曾经这样评价十三行行商："具有官商性质的广东十三行，

其经营方式是以外贸批发商的身份，成为国内长途贩运商与外国商人贸易的居间者，在商品所有权转换的过程中起代理商的作用。"① 潘振承、卢观恒、伍秉鉴和叶上林四大家族在十三行的运作中，互相商榷与英国东印度公司的茶叶贸易，在相互的谦让贸易中，没有商业中的尔虞我诈。还有关键的一点，四大家族互相成为亲戚，此纽带还延续到他们的后代潘正炜、卢文锦、伍崇曜和叶梦龙。洋行虽然多达几十家，但尤以四大巨富创办的同文行、广利行、怡和行、义成行最为著名。如今，人们还可以从广州西关的同文路、怡和大街、宝顺大街、普源街、仁安街、善安街等这些由洋行名改成的街名中，寻觅到十三行曾经一度辉煌的历史痕迹。

（一）潘振承

在瑞典哥德堡市博物馆里，就藏有一张1770年绘作的画卷，画中生动地记录了一个中国商人到瑞典行商的情景。而这个商人，根据考究正是十三行行商里赫赫有名的潘振承。潘振承是为数不多的曾经亲自到欧洲贸易的十三行商人，而他的很多商业举措在当时也是极具开拓创新意义的。早在1753年，潘振承已经与东印度公司发生贸易往来，在18世纪70年代开始投资于瑞典东印度公司。作为经常参与国际商圈活动的行商，潘振承更是第一个接受外国汇票以作支付手段的人，这比汇票在华普遍使用足足早了50年。

潘振承（1714—1788，"承"一作"成"），字逊贤，号文岩，又名启，福建龙溪人，外国人称其为潘启官。潘振承的一生，颇带传奇色彩。少年时，家中贫寒，出生于福建漳州市龙海角美镇（旧属同安县）白礁村潘厝的贫困农民家庭，从小过着"家无宿舂升斗贮""风飧露寝为饥躯"的日子。雍正五年（1727），清政府解除福建到南洋贸易的禁令。次年，十四岁的潘振承，为求生计，背着离乡别井的凄苦，当上船工，闯荡江海，游走浪尖；曾随船到吕宋（今菲律宾）经商三次，从此踏上从商之路。潘振承定居广州

潘振承

---

① 黄启臣《广东商帮》，黄山书社2007年版，第31页。

的时间与30年代开始广州外贸市场迅速发育状况密切相关。当时广州的海外贸易已经开始繁忙，吸引附近省商民到广东来。广东是海洋大省，自西汉起，一直是海外贸易发达的地区；到了明清时代虽然明清政府实行"时开时禁，以禁为主"的海外贸易政策，但是却对广东实行特殊政策。潘振承以敏锐的商业洞察力，审时度势，把握机遇，又自身具有敢闯敢拼的精神，使他随后能脱颖而出，事业有成。在潘家的族谱中记载："……夷语深通，遂寄居广东省，在陈姓洋行中经理事务，陈商喜公诚实，委任全权……"潘振承在陈姓洋行中帮手，对雇主忠诚、敬业和尽责，而被器重、委以重任。约在1742年，雇主离去，他依靠微薄的积蓄接办商行。凭借在陈姓洋行积累的行商宝贵经验，潘振承在后来与东印度公司贸易的过程中，能与之顺利打交道，互不吃亏，从中获利。乾隆四十八年（1783），英国东印度公司董事部退回质量差的1 402箱武夷茶时，潘振承如数进行赔偿，这是广州的行商向外商退赔质量差茶叶的先例。除了退赔，潘振承还准许给外商赊购适量货物来显示他的诚信。英国东印度公司职员曾经称他"实可称为当时行商中最有信用之唯一人物"。

潘振承在与外商的生意中，顺应了西方和中国的贸易趋向潮流，也有强烈的海外市场眼光，筹谋着和英国、瑞典等国市场接触。他清醒地看到同文行的生意如果限制在广州一角，也许会自挖墙脚，加上商行外的"买办"已经在和外国商船串起来，倒卖鸦片，他以商人的眼光看出了同文行贸易与外国经济融合的大趋势，意识到西方的崛起和中国贸易体制的落后，他把同文行商业经营模式向适应市场经济转变，组织以己为核心同行的合作团队，以扩大出口和销售能力。冒着被认为与外商"勾结"的危险，敢为人先，毅然参与跨国经营。潘振承曾投入资本参与一位瑞典大亨撒革廉（Nikias Sahlgren）在卡迪斯贸易，今天还能看到潘振承与瑞典商船交易的外宣画。正是这种开放思想，开展国际合作，跨国投资，使他能在世界商业舞台中大展身手。他善纳西方出现的新事物，引入新的商业金融模式。例如，当18世纪60年代英国东印度公司伦敦董事部汇票在广州使用时，他目睹了这种金融汇划以票据来办理信贷的手段的优点：节奏快，效率高，资金安全兑现，乾隆三十七年（1772），他及时将之引用到同文行的国际贸易金融运作上，成为中国人使用汇票的第一人。由于经商得法，海外贸易日渐扩展，取得了商界的翘楚地位，潘振承被尊为广州十三行行商商总，是中外商人和清廷公认的十三行领袖，官方文件称他为"首名商人"，英国东印度公司职员尊称他为"公行的大人物，行商的巨头"。

（二）卢观恒

康熙五十九年（1720），广州的行商发展到16家，在粤海关支持下，成立了垄断性的"公行"。乾隆十六年（1751）则有洋行26家，十三行以同文行、广利行、怡和行、义成行最为著名，其贸易对象包括外洋、本港和海南三部分内容，经营出海贸易的称为海南行，其中的广利行，就是卢观恒首创的。

卢观恒（1746—1812），字熙茂，广东新会人。自幼丧父，与母亲相依为命，家境贫寒。为了摆脱贫困，乾隆年间，只身到广州打拼谋生。开始时还在黄埔港口当"脚工"，帮外国的商船搬运货品，但后来凭借自己的努力成为广利行的老板，拥有千万家财，是新会历史上最大的富翁，也是当时全国最大的富翁之一。许多历史学家称卢观恒是"大器晚成的商业巨子"，对于行商来说，卢观恒是一位值得怀念的中国商人，

卢观恒

他的经历鼓舞人心，他的经商方式成为现代外贸的典范之一。

1757年，朝廷撤销闽（彰州）、浙（宁波）、江（云台山）三处口岸，只剩广州一口通商。清乾隆时期，"广州城郭天下雄，岛夷鳞次居其中，香珠银钱堆满市，火布羽缎哆哪绒"，清朝与西方列国的全部贸易都会聚于广州，中国各地物产都运来此地。每年5月至10月为贸易期，其时，广州华洋商人云集，繁华无比。因朝廷有规定，番船贸易完日，外国人员一并遣返，不得在广州居留。故此通商期一过，外商倘有未卖完的货物，离粤前便要在广州十三行附近觅地寄存，待来年再卖。5月至10月这个贸易期，是海外贸易的最佳时段，公行的行商都趁机抬高价钱，让洋商为起航而急不可耐。卢观恒与万和行行商蔡世文（文官）交往接触中，蔡世文很喜欢他，于是介绍一名行商的铺面仓库让他看管。卢观恒用他的聪明才智、甘舍而获得从港脚工进入商行的外围。他在与洋商打交道过程中，看到一种经商方式，

中间有很多的利益可寻，于是抓住商机，利用代人看管的房屋租赁给洋商储货，并按其开列的价目代销，从中获取利润和佣金。由于其办事效率高兼诚实守信，能够保证外商的财贸安全，因而赢得了众多外商的青睐，并乐于将货物委托卢代管代销，卢观恒因此获利不少，从而积聚起大量资本，成为当时的重要商人，为后来创立广利行奠定了坚实的基础。乾隆五十二年（1787），东印度公司与卢观恒签署了大额的棉花与茶叶交易。因与万和行行商蔡世文私交甚笃，卢观恒很快便获得海关签发的行商执照，开设广利行，入主"官商"，人称茂官。广利行的生意如日中天，1797年跃居所有行商的第二位。1808年，他做着整个十三行毛织品四成的生意，武夷茶600大箱，其余茶叶一万八千余箱。卢观恒与怡和行的伍秉鉴一起，共同担任十三行的首席行商。一个游走于行商之外的卢观恒成为十三行的行商，而且从东印度公司的记载来看，他的贸易额始终和潘振承不相上下。

闭关锁国的王朝、一口通商的广州，必然滋生权力寻租的土壤，这也为爱冒险的人提供了发迹和暴富的机遇。从新会石头村出来的卢观恒，凭着他的勤奋和才智抓住了中国特权贸易政策所带来的机遇，衍生出震动海外丝绸之路的广利行，并把洋行对外业务量做到当时行业老二的水准。卢观恒本人也与当时"天下第一大富翁"的伍秉鉴共同坐上了十三行商总的位置。卢观恒是个诚实、聪明的商人，"敢为天下先、抓住商机、从无本到有利"，让他走上了大清行商的行列。他"先做贸易，再做行商"的理念打破了纯粹商人的思路。卢观恒"借鸡生蛋"，但最关键的是他守承诺、履行协议，运用守诺的商人模式在十三行中求得了生存和发展。从东印度公司的史料中，卢观恒也一直是外国商人尊重的行商领袖。在蔡世文保卢观恒成为十三行行商之前，卢观恒已经开始以散商的方式在谋求经营之道了，而达到从无到有，成为商总的高层境界。

卢观恒开设的广利行（后迁往普安街）行址位于广州源昌街（今广州十三行路南），西面是经官行，南面是粤海关货仓，东面隔一街巷与怡和行相邻，现在的东方国际商贸城正是广利行以前的位置。据历史学者曾昭璇等考证："普安街，清代卢观恒的广利行，长133米，宽3米"，而伍秉鉴的"怡和行，长198米，宽4米"，广利行是十三行最大的行馆之一，生意日新月异，在潘、卢、伍、叶四大家族中，广利行排在潘家后面。

（三）伍秉鉴

1685年，康熙帝下令废除明朝以来的禁海令，设立粤、闽、江、浙四大海关。虽然表面上是四口通商,但由于贸易量有限,其实外洋商人大多只在广州一口贸易。其他三口,无论是在来华船只数量上,还是在上缴税收上,都远远无法和广州相比。这也就不难理解潘振承为何要选择"由闽入粤"了。与潘振承有着同样选择的,还有另一位著名行商伍家。史料记载,伍家先世原居福建,在武夷山种茶为业,曾在潘振承的同文行履行司事之责,1783年,伍秉鉴的父亲伍国莹在广州创建怡和行而成为行商。1789年,伍秉鉴接管了他父亲的生意。

伍秉鉴

伍秉鉴(1769—1843),字成之,号平湖,别名敦元、忠诚、庆昌,祖籍福建。其先祖于康熙初年定居广东,开始经商。到伍秉鉴的父亲伍国莹时,伍家开始参与对外贸易。1783年,伍国莹迈出了重要的一步,成立怡和行。清乾隆三十四年(1769),伍国莹喜添一个儿子,他给这个新出生的儿子取了个乳名亚浩,后来伍国莹根据儿子的这一乳名给自己取了商号"浩官"。按照行商中祖孙、父子、兄弟沿用同一商名的习惯,其后先后主持行务的伍秉钧、秉鉴、受昌、崇曜也均被称为浩官,"浩官"成为19世纪前期国际商界上一个响亮的名字。1789年,伍秉鉴接手了怡和行的业务,伍家的事业也开始快速崛起,伍秉鉴成为广州行商的领头人之一,怡和行更因伍秉鉴而名扬天下。伍秉鉴是个商业奇才,在经营方面,伍秉鉴同欧美各国的重要客户都建立了紧密的联系,并依靠超前的经营理念在对外贸易中迅速崛起。他既是中国封建社会的官商,又懂得依靠西方商人的贸易发财致富。他的商行在当时同外商联系最为紧密,可以在东印度公司、散商和美商中左右逢源。广州"一口通商"后,让广州十三行商人在此后的80多年里,成为大清帝国对外的唯一管家。美国哈佛大学贝克尔图书馆保存有一张保险赔偿申请单,申请方是两艘美国船只的船主,这两艘船在1810年开往瑞典哥德堡的途中被丹麦海盗劫掠,于是向保险公司申请赔偿。其申请单上的货物中有属于大清行商伍秉鉴价值58 000美元的茶叶。这可以看出伍秉鉴的外贸业务与外国有直接贸易，说明了伍秉鉴不是普通的代理商，他的行商业务已有突破性拓展。在1834年以前，伍家与英商和美商每年贸易额达数百万两白银。到19世纪中期，伍秉鉴不但在国内拥有地产、房产、茶园、店铺等，而且他还大胆地在大洋彼岸的美国进行铁路投资、证券交易并涉足保险业务等领域，同时他还是英国东印度公司最大的债权人，东印度公司有时资金周转不灵，常向伍家借贷。因此，伍秉鉴在当时西方商界享有极高的知名度，成了洋人眼中的世界首富，曾被一些西方学者称为"天下第一大富翁"。怡和行成了一个名副其实的跨国财团，伍秉鉴也堪称走出国门海外大规模投资理财的第一人。

伍秉鉴被西方商人认为"诚实、亲切、细心、慷慨，而且富有"，英国人称赞他"善于理财，聪明过人"。有关伍秉鉴豪爽大方的故事在外商中流传甚广。据说一个美国商人与他合作做生意，但经营不善，欠了伍秉鉴7.2万元的债务，因为没有能力偿还一直无法回国。当伍秉鉴听说后，叫来商人说："你是我的第一号老朋友，并且是一个诚实的人，只不过不走运"，说完他把借据一把撕碎，他这种豪爽的行为，表示他们之间的账目两清。而在当时，一艘满载货物的中型货船也只值10万元左右。伍秉鉴的这个举动大家都很吃惊，也让伍浩官的豪爽名声，在美国脍炙人口，成为大众津津乐道的中国商人。在华居住30多年的美国商人威廉·亨特，他的《广州番鬼录》已经变成了中国大清的历史"教科书"，他在书中也谈到了伍秉鉴："伍浩官（伍秉鉴）究竟有多少钱，是大家常常辩论的题目。""1834年，有一次，浩官对他的各种田产、房屋、店铺、银号及运往英美的货物等财产估计了一下，共约2 600万元"。而在这个时期的美国，最富有的人也不过资产700万元。美国学者马士说，"在当时，伍氏的资产是一笔世界上最大的商业资财"。在西方人的眼中，伍氏商人就是当时世界上最富有的商业巨头。2001年，《华尔街日报》专门发行专辑，统计了上一千年世界上最富有的50个人。其中有6个中国人入选，他们分别是成吉思汗、忽必烈、刘瑾、和珅、伍秉鉴和宋子文，伍秉鉴与洛克菲勒、比尔·盖茨等人齐名。《亚洲华尔街日报》评价说："出生于1769年的清朝行商伍秉鉴继承父业与外商从事买卖，又进一步贷款给外商并以此获得巨额财富。他在西方商界享有相当高的知名度。"

（四）叶上林

坐落在广州西关的十三行街，大的商号拥有资产上千万银两。十三行中的义成行、东裕行，分别为诏安人叶上林、谢嘉梧所创办。在广州一口通商后，请旨创设义成洋行，叶早期以贩运生丝、茶叶为主，到后来从输入糖、烟、酒、五金、百货，到各种机器、石油、鸦片、军火等物资；输出木材、生丝、茶叶等原材料或半成品，他与潘振承、卢观恒、伍秉鉴并列为四大豪商巨富，被称为"世界级富豪"。

叶上林（？—1809）字南海，号光常，斋名梅花书屋，南海人，原籍福建诏安县上营里；商名叶廷勋，官名仁官，笔名花溪老人。叶上林早年刚开始的第一份工作是给富商潘振承的同文行当账房先生，这使他结识了不少行商、外商和官员，积累了人脉。乾隆五十七年（1792），他离开同文行，准备独闯天下。然而由于资金实力不足，又没有行商执照，他只好与行商石中和合伙做外贸生意。可是只过了三年，石中和就因资金链断裂，无力还债而破产，叶上林也跟着背上了麻烦。幸运的是，以前结下的好人缘帮了他，外商出手相助和家族亲戚帮他还掉了几笔催逼最紧的欠债。叶上林的儿子叶梦龙和潘有度的儿子是表兄弟。潘有度是潘振承的儿子，后来接替潘振承当上了同文行的掌门人。叶家还跟卢观恒、伍秉鉴等十三行里的富商沾亲带故，这些家族靠亲情互帮互

叶上林

助。第二年，叶上林的生意好转，不仅还清了债务，而且创办了义成行，开始独立发展。很快，义成行拿到了行商执照，加入了十三行行列。18世纪末，行商破产的现象层出不穷。1797年贸易季节即将结束时，许多商人破产，而其他商人破产带来的一个好处是有人可以接手他们的贸易份额，这似乎对叶上林非常有利。因为与破产行商不同，叶上林已经恢复了元气，掌握了一定的现金流。他挑选了一些资质不错的破产行商，接手他们原有的贸易份额。一方面，让这类企业起死回生，另一方面，抢占市场，迅速做大。到嘉庆二年（1797），叶上林跟东印度公司的贸易额翻了一番，其后仍保持持续增长。叶上林主要经营可以直接收取现金的货品，同时避免进口他认为销

路不佳的货品。总之，要快速周转。这让他的财务状况迅速好转。英国东印度公司对他给予了很高的信用评价，这也使他的洋行客户盈门，生意不愁。而茶叶出口，几乎成了叶上林的主要收入来源。英国人把喝茶当作社会时尚，对茶叶非常挑剔。叶上林祖籍婺源，当地出产的茶叶深得英国人认可，被称为"中国茶品质之最优者"。因此，他把祁红、屯绿、松萝、珠兰等婺源茶进行精加工后运到广州，被英国公司认可为上等品，然后以高价卖出去。当时茶价昂贵，有"掷银三块，饮茶一盅"的说法，显然这是一座金矿。可见叶上林在交易中有从商的谨慎和独到的眼光。

19世纪初，叶上林已经坐拥千万银两的资产。他的名下不仅有粤海关授权经营外贸的义成行，还有纶聚号等多个商号，俨然一家进出口集团公司。他也已跻身广州富豪行列，而且完全有能力继续扩张市场份额和公司规模。可是，他开始谢绝英国东印度公司送上门的合同，减少与丹麦人的生意往来。嘉庆九年（1804），他毅然退出了商界。

告别商界后，叶上林迅速完成了社会身份的华丽转型，变成了一个彻头彻尾的"文学老年"。叶上林除了经商方面成功之外，他很大的造诣还在于诗词文学方面。叶上林是个儒家文士，他的诗中，《西关竹枝词》有十首之多，其中一首云："西园春事剧繁华，春到园林处处花。花事一随春色去，朱门休问旧人家。"而他的另一首《广州西关竹枝词》云："一围杨柳绿阴浓，红尾旗翻认押冬。映日玻璃光照水，楼头刚报自鸣钟。"这首竹枝词勾画出当时广州西关富贵人家享受华洋物质生活的富足图景：住在中西结合、通风荫凉的广州特色住宅——西关大屋，在西洋自鸣钟下过着舒适的生活。到了高剑父创立岭南画派的民国初期，广州早已存在西方天主教堂、基督教堂，珠江河面上停泊着各式洋邮轮、货轮，与穿插其间的本地"疍家"旧舢板、破帆船形成强烈对照。十三行已成为一个沟通广东与世界海上贸易的特有群体，他们积极引进西方文明，使城市景观骑楼、欧式小洋楼、西关大屋与本地砖瓦平房错杂并存在新开的马路两旁，马路上行驶着马车、人力拉车。在乾隆和道光时期，可以看到通商口岸城市造就了两个趋向：走进来——洋人、洋货、洋文化、洋宗教（基督教、天主教、伊斯兰教）；走出去——茶叶、丝绸、瓷器等，却导致了一个结果：广州成为中西文化的交流与融合的前沿，也是鸦片战争的诞生地。叶上林就是这个环境中的"主人"，让人同样想不到的是，1804年叶上林却可以率先退出十三行，有官品，却无官身。看淡了官场和商场的云烟，还能逃出樊笼，也算是一幕传奇。人们在惊奇于他是"商业大亨"的同时，也可以用儒家的学问为他戴上文化的光环。

第三节　洋买办

洋买办是中国的一种特殊现象。"买办"一词源于葡萄牙语 Comprador（采办者），所以亦称"康白度"①；在明代专指为宫廷供应用品的商人，清初专指居住在广东商馆为外商服务的中国公行的采买人或管事人。十三行时期，把买办当作招待外商的商馆中办事人员的通称。鸦片战争后，废止公行制度，外商乃选当地中国商人代理买卖，沿称买办；因为被外商雇用，为外商做事，所以又被称为"洋买办"。黄启臣认为，虽然买办在明中叶就已出现，但外商普遍雇用买办，则是在清乾隆二十二年（1757）广州成为"一口通商"贸易港之后。②

在中国近代史上，买办指帮助西方与中国进行双边贸易的中国商人。其性质既是外商的雇员，也是独立商人。后来，外商为了减少买办的中间佣金，逐渐采取与中国人直接交易的方法，买办遂转化为单纯的外商雇员，称"华经理"或"中国经理"。这类被外商雇用的商人通常外语能力强，一方面可作为欧美商人与中国商人的翻译；另一方面也可处理欧美国家商界与中国政府之双向沟通。除此以外，这类商人还可自营商铺，代洋行在内地买卖货物或出面租赁房屋、购置地产等，致富者颇众。

一、买办的前身

买办的兴起得益于海外贸易的兴盛，而广州十三行又是海外贸易的集中地带，这里商业发达，商人也众多。广州十三行是靠海外贸易发展起来，并逐渐上升到垄断地位的庞大商业集团，在清代对外贸易中占有很重要的地位。十三行早期的贸易对象，有荷兰、英国、丹麦、西班牙等西欧国家和东南亚诸国，其中和暹罗（泰国）交易最多。18世纪中叶以后，十三行的贸易对象主要是英国、美国、法国、荷兰、西班牙等欧美国家，贸易量较大。

---

① 参见黄逸峰等《旧中国的买办阶级》，上海人民出版社1982年版，第1-2页。
② 参见黄启臣《广东商帮》，黄山书社2007年版，第33页。

十三行商人主要通过向这些国家出售茶叶、生丝、丝绸和土布,换取棉毛织品、金属品、奢侈品、棉花和大量白银。18世纪80年代英国东印度公司取得英国对华贸易垄断权后,十三行的贸易对象主要是英国。

与十三行行商的营业所相适应的,还有十三"夷馆"(即商馆)。它是由行商专设的接待外商住宿、储货和交易的场所(每所租金,乾隆年间每年约六百两白银),实际上是洋行的一部分。"夷馆"是"夷人寓馆"的简称,设在十三行街附近。据外国书籍记载,外商与十三行互市之初,外舶至广东时,每舶俱"占"有"夷馆"一所,每舶俱有一"行"为其主顾。外商和行商的交易一般在商馆进行,外商又把这种贸易称为"商馆贸易"。商馆中有一种为外商服役的仆役头目——"买办",他们必须由行商、通事结保,并向粤海关领取牌照才能充当。当时寓居过商馆的美国商人威廉·亨特在《广州番鬼录》一书写道:"在商馆中,最重要的中国人是'买办'。他为行商作保,保证他的行为与能力。凡商馆中所雇用的一切其他中国人,他自己的会计,以至仆役、厨役、苦力,都是买办自己的人。"买办"由助手们帮助管理公司(指外商在商馆的机构)及职员们的账目,他监督开饭,并侍候公司代理(外商公司的主任称'大班',即总管的意思)及账房们"。毫无疑问,这些买办是执行着政府交予的管束外国人的政治任务。但是,由于这些买办有为外商驱使奔走的职能,同外商接触最密切,因而也最容易为外商所支配。他们中的许多人,后来逐渐沦为外商的代理人。据记载,1926年"一个深受信任的商馆买办,在广州照管着一大笔活动资金,并按照要求将利润交给雇主"①。这一部分买办从清政府管束外商的工具变为外商进行商业扩张的工具,这是近代买办的前身。当时买办主要有两种。一是船舶买办,专为停泊在黄埔、澳门的外商船只(商船以及护卫贸易的兵船)采买物料及食品。船上买办是临时雇用的,没有薪俸,但每只商船须支付买办费。外船由澳门航行往黄埔时,在虎门须听命税关量船,由广州行商预派翻译和买办至船上布置妥帖后,即行量船、征税。②另据马士记载,外商船到来之时,先靠拢澳门,可在此或随后在黄埔聘用一位买办,直接报酬是50～115元不等。此外还要赋予他为船上和水手包办商品及其他一切物品的权利,价格

---

① 《中国丛报》(英文版)卷六,转引自白寿彝《中国通史》卷十,上海人民出版社2016年版,第544页。

② 参见梁嘉彬《广东十三行考》,广东人民出版社1999年版,第115页。

完全无法加以任何查考。① 每当船只离港时,买办就会燃放鞭炮,"求神起航""保佑船只顺风顺水"。② 二是商馆买办在夷馆中代外商管理总务及现金。清官府视买办为替外商服役的仆役头目,外商视买办为不可缺少的经管杂物的人员。广州商馆中的买办,原是外商公司的"管家",既代他们照管对外营业,也兼管内部事务。如乾隆四十二年(1777)行商复广东巡抚禀内称:各夷馆"其逐日所需菜蔬食物,亦系通事结保买办数名代为购办。一切管店买办人等,俱系慎择老成信用之人充当,不敢从中引诱"。③

二、洋买办的产生及演变

买办原是洋行的采买人员,鸦片战争前,在广州经营管理对外贸易的公行中设置买办为外商服务。他们在广州的商馆中,替外国商人办理驳运、伙食、银钱出纳等事务。买办是行商的附庸,尤其是商馆买办。在中西贸易过程中,行商、通事及买办都是不可缺少的元素。如"每艘入港商船,必须有一位行商替代它保证交纳税钞,并且要有一位通事和一位买办,然后才能开始卸货"④。买办与行商、通事一起,须连带负起与外商相关的若干责任。如乾隆三十四年(1769)有一名英国商人带来一个外国女仆,由于违规,她被官方投入监狱,而行商、通事、买办及政府差役皆受到严惩和斥革。⑤

但到了近代,买办身份随鸦片战争的到来有了彻底的改变。资本主义以其坚船利炮打开了中国落后封建社会的大门后,资本主义掠夺剥削的本质使其大肆对外扩张,掠夺殖民地人民的财富和抢占海外的商品销售市场和原料产地,西方国家迫切希望能在中国获得潜在的巨大市场的最大经济利益。两次鸦片战争期间,职业买办逐渐取代了旧行商。⑥ 一些旧行商在中西贸易中仍保持很大的潜在势力,并在很大程度上控制着重要商品的供销市场,他们仍是外商势力向中国内地渗透的一大阻碍。原与旧行商有联系的通事、捐客、买办、仆役及其他商人,适应了新的环境条件,转变轨道,继续得到发

---

① 参见[美]马士《中华帝国对外关系史》(第1卷),张汇文等译,上海书店出版社2000年版,第80—81页。
② 梁嘉彬《广东十三行考》,广东人民出版社1999年版,第149页。
③ 梁嘉彬《广东十三行考》,广东人民出版社1999年版,第149页。
④ 聂宝璋编《中国近代航运史资料》第1辑上册,上海人民出版社1983年版,第30页。
⑤ [美]马士《东印度公司对华贸易编年史(1635—1834)》(第4、5卷),区宗华译,中山大学出版社1991年版,第250页。
⑥ 复旦大学历史系等合编《近代中国资产阶级研究》,复旦大学出版社1984年版,第252页。

展。由于新起的行商还未得到外商的信任，旧的行商和通事主要也不再为外商做中介生意，在这种情况下，买办作为特殊中介人物，别成一业，迅速成长起来。英美各大洋行在进入新开口岸之初，所雇用的买办几乎全为粤籍，这绝非偶然。由于广东对外通商最早，"当时买办职务，殆为广东人所独占，外人亦利用广东人能擅长外国语言，故用该省人充之"①。鸦片战争后，"在广州方面的另一种不满情绪表现在行商和他们的雇员、通事、买办，以及倚赖衙门而生活的人们之间，这些人都丧失了从被取消的各种垄断中获得的那些油水，并且向往着从前外商听凭摆布时代的那种赚钱容易的情形"②。然而，旧贸易制度的崩溃无法挽救。鸦片战争后初期，行商改为茶行，继续经营。直至第二次鸦片战争，十三行被焚毁，尽成焦土。十三行行商作为一个整体，消失于历史舞台。而买办则以"诡寄"的方式融入资本主义股份制企业，成为东西方经济文化交流的桥梁，实现了自身的转型，成为行商的"变体"。此前买办是隶属于清政府的，外商不能自由雇用。外商便把摆脱行商垄断和自由雇用买办作为在华贸易的重大要求。在与清朝进行长时期的贸易中，外商——特别是英商——愈加强烈地不满带有官商垄断性质的贸易管理制度。第一次鸦片战争后，买办的性质发生了改变。1844年中美《望厦条约》（《五口通商章程》）第八条、第十条都规定：外商可得自由雇用领港人、仆役、买办、通译、驳船及水手等而不受干涉。至此，买办脱离了清政府的限制，其职责内容也逐渐发生了变化，近代意义上的买办从此登上了历史舞台。

买办是近代中西贸易中具有垄断性的中间商人，外国洋行倚赖买办，一切交易须经其手。随着外国资本主义势力在中国侵略的加深，买办队伍也逐渐扩大。18世纪时，外商已在广州开设洋行，至1837年已有150家。自1842年取得"协定关税"后，在华洋行数量激增，1872年达343家，买办人数亦随之大增。③ 19世纪40年代末期闽浙总督刘韵珂感叹"五口夷目夷商，所用华人，难以数计"。到了19世纪60年代，买办已经"于士农工商之外，别成一业"了。④ 洋买办已由1854年的50人发展到1900年的20 000

---

① 沙为楷《中国买办制》，商务印书馆1927年版，第5页。
② [美]马士《中华帝国对外关系史》（第1卷），张汇文等译，上海书店出版社2000年版，第348页。
③ 参见姚贤镐《中国近代对外贸易史资料（1840—1895）》第2册，中华书局1962年版，第1000页。
④ 参见李鸿章《李文忠公全书》卷三（奏稿），第11-12页。

人。买办这一概念发生了变化,成了"外国资本主义和帝国主义的工具和走狗的代名词",是"极不光彩的帝国主义的奴才和爪牙的通称"。①

三、买办制度的形成与地位的变化

(1)买办制度的形成及其内容。在条约制度下,买办的身份发生了很大变化,他们不再受清朝政府的指派和控制。起初,买办的职责仍大致沿袭广州旧例,限于行内琐务的管理,媒介生意则主要由捐客承担。但买办在洋行中的地位及其与洋行的雇佣关系逐渐发生变化,最终形成了买办制度:一,外商根据不平等条约,取得自由雇用买办的权力。二,外商在华经营,不直接与华人打交道,而是通过作为居间人或代理人的买办办理。三,买办与外商企业的关系,由合同规定,须向外国驻华领事馆备案。四,买办被外商自由雇用,成为接受外商薪金、为洋行推销商品、购买货物的代理人。五,买办可自营工商业。由此可见,买办制度是资本主义雇用制度和合同制度相结合的制度,它使买办具有了双重身份。②

(2)洋买办身份及其地位的变化。近代受雇于洋行的买办,同时也是独立商人。早在1846年的香港商行名录里就有当地买办开设行号的记录。到19世纪60年代,"买办经营商业,自设铺面字号,已是大量的普遍的事实"。买办"对之于外商的地位也相继及时地从伙计变为经商帮手并最后变成商业伙伴和独立的商人"③。买办以自己雄厚的资本实力在各个通商口岸的鸦片、丝、茶、洋货、钱庄以及船运等许多领域保有庞大势力。甚至有些地区的征税大权均落入买办巨商手中。清代末期,甚至形成了由买办势力控制的,自通商口岸至内地城镇的买办商业高利贷剥削网。在中国社会半殖民地化过程中,买办起着重要的作用。最为重要的是,近代买办是具有企业家功能的新型商人,他们积累了为创办新式企业所必需的货币资本,并大量投资创办企业,这是十三行商人所不能比拟的。中国资本主义现代企业的产生,基本上是从19世纪70年代开始的,而这些企业的资本,有相当部分是由买办资本转化而来。④ 在通商口岸,买办已声势显赫。

---

① 黄逸峰等《旧中国的买办阶级》,上海人民出版社1982年版,第5页。
② 参见黄逸峰等《旧中国的买办阶级》,上海人民出版社1982年版,第16-17页。
③ [美]陈锦江《清末现代企业与官商关系》,王笛、张箭译,中国社会科学出版社2010年版,第48页。
④ 参见汪敬虞《唐廷枢研究》,中国社会科学出版社1983年版,第137页。

四、洋买办和买办资产阶级的影响

洋买办是中国近代史上富有的城市阶层。近代意义上的买办产生于19世纪中期,到了20世纪前期,买办社会进入黄金时代,20世纪40年代后由于战争等原因逐渐衰落,直到中华人民共和国成立后彻底消亡。买办阶层推动了中国的洋务运动,催生了中国的民族资本主义。自清末至1949年中华人民共和国成立前,买办阶层与官僚、资本家结合在一起,形成"官僚买办资产阶级"。官僚买办资本主义是旧中国"三座大山"之一。随着中国共产党领导中国人民推翻了三座大山,建立了新中国,买办这一旧中国的特殊阶层,也随之从中国大地上消逝了。

历史上对洋买办的认识褒贬不一,但从经纪史角度看,买办是中国近代史上的一种特殊经纪人。买办的活动一直延伸到新中国成立。鸦片战争前,广东十三行中的很多行商、买办成了西方资本的附庸,是中国买办资产阶级的前身。行商资本已成为近代买办资本的胚胎。总体上看,买办收入的流向是:大多数买办的大多数资金投入商业资本、高利贷资本、房地产等投机领域,剩余的很大一部分用于维持奢侈的生活,一部分以保证金的形式寄存或付股于外商企业,很少一部分转化成产业资本。他们宝贵的资金积累没有转化成中国自身资本主义发展急需的原始资本积累,故此,买办对中国近代民族经济发展起的作用有限。他们的经济价值更多表现在促进中西方经济沟通的桥梁作用上,他们对中国近代经济发展所起的作用是值得肯定的,但这种作用是间接的。

(一)洋买办促进了对外贸易的发展

西方商人的迅速增加造成买办的兴起,他们在条约制度形成以前,在很大程度上促进了广州的自由贸易发展。"1868年,中国出口贸易为1.25亿关两,直到1913年的9.73亿关两"。没有买办这一中介代理人,西方侵略者不可能获得当时的中国市场广度,可以说买办客观上促进了中国对外贸易的发展,买办资产阶级是外国侵略中国的产物,而资本主义的到来使得中国自给自足的封建自然经济逐步解体,中国的农业、轻工业甚至重工业得到一定的发展,这有利于中国的近代化。因此在这一方面买办及买办资产阶级起了一定的积极作用。买办完成了资本的原始积累,加快了从中西贸易的居间人或代理人向近代企业家的转化。广州商人和代理人是近代初始中国商业资产

阶级的一个核心。事实上，不少买办资本投资于民族工业及航运业：如分别在怡和洋行、天津汇丰银行、法国东方汇里银行、日清轮船公司任职的祝大春、吴懋鼎、朱志尧、王一亭就分别有投资306.5、111.9、365和93万元。

（二）创办中国近代企业

洋买办是近代企业的拓荒者。从尝试建立第一家新式民用企业，到推动企业步入正轨，买办担当了近代中国企业发展的先锋，奠定了近代企业发展的第一块基石。少了买办的努力，民用企业就不可能取得真正发展。中国近代企业往往面临着资金匮乏和借款利息高昂的问题，买办通过同外商的长期往来，不少人拥资百万。他们认识到设立近代企业的重要性和有利可图，在其他人没有能力投资之前，率先投资新式企业，可以说中国新式企业的早期资本有相当大一部分是由买办资本转化而来的。

从19世纪70年代开始，买办资本也加进了官督商办民用工业的行列，其投资领域广泛涉及工矿、商业、金融、航运、房地产等诸多方面。中国人拥有并经营的第一家轮船公司轮船招商局的成立，买办起了决定性作用。除了煤矿以外，买办也参与了中国近代纺织企业，买办不仅把持并大量投资于中国第一批轮运、矿业、纺织和机器制造等大型企业，而且创办煤气、电信等其他新式企业也很踊跃。在早期工业化时期，随着外国资本主义入侵而产生的买办阶层积累了巨大的财富，同时他们从洋商那里学到了先进的经营方法，能够把资本的所有权和企业家的本领融为一体，因此可以说"买办能够集资本的消极拥有者角色和积极经营者角色于一身，而使他们区别于传统的富人"①。"买办资本从流通领域向生产领域转化，从附着外国企业到自办企业转化，这是中国民族资本产生的一种形式，它代表着进步的生产关系至少在中国资本主义新式企业发生时期是这样"。

（三）传播西方新思想

由于与西方的长期接触，洋买办开始背离中国传统文化，衣着上不再是封建士大夫的长袍大褂，而是"蓝绸长袍和在剃过的头上戴一顶绷得紧紧的瓜皮帽"，并很少鼓励他们的儿子去学习儒学经典，参加科举考试，而是就学于洋学校。在背离传统文化的同时，洋买办带来了西方的新思想。买办出

---

① [美]郝延平《十九世纪的买办——东西间桥梁》，李荣昌等译，上海社会科学院出版社1988年版，第4页。

身的郑观应除积极参加洋务民族企业的创办与经营外，先后撰写《盛世危言》等改良主义著作。买办出身的虞洽卿，也曾参加孙中山领导下的推翻清政府、建立共和国的斗争。在外国资本主义侵略势力驶驶内向的情况下，早期买办商人在帮助西方人剥削中国人的同时，对于中国早期工业化和近代思想文化的转变所发挥的客观作用不能不说是一种历史的进步。

（四）资本主义管理模式的推广

虽然西方商人因语言不通，"一切事务惟华籍买办是赖"，然而买办商人是作为东西方经济中间人的特殊身份而存在的，故不可避免地遭到外国人的歧视。作为中国人，他们"不能对自己为之进行斗争的政治、社会、文化的条件采取漠不关心的态度"，相反地，在交往中他们逐步学会了办企业的新技术、先进的管理经验、方法，并在积累了一定数量的财富之后去投资近代企业。

洋买办作为近代投资者的作用是重要的，他们的管理才能对中国早期工业化也是关键的。他们通过同外商长期的密切交往，逐步学会了创办近代企业的新技术，这是其他阶层没有机会学到的。带来了资本主义企业管理的思想、方法和手段，虽然只是初创，还很不完善，很不成熟，但是毕竟迈开了中国新式企业管理的第一步，为以后企业的发展起了示范作用。

（五）买办资产阶级一部分成为革命力量

买办资产阶级是洋商一手扶植的，但毕竟买办资产阶级独立经营的另一重身份使二者间产生一定的矛盾，矛盾一旦激发，买办资产阶级将成为革命力量的一部分反对外国的侵略，事实上，不少买办是最早转变成资本主义的思想观的。另外，"买办多维社会性质不仅使其便于充当中外商人之间交往的媒介，而且有利于担任官洋之间的角色"。买办中的大部分人谋求官位，使得这一阶级逐渐扩大政治势力，客观上它使资产阶级队伍的力量日益壮大，但是官商之间的勾结表现在共同镇压太平天国方面。买办资产阶级代表人物吴健彰曾主管江海关行政，吴后来出卖海关行政权的行为使得国家海关行政权彻底丧失。由此可见，资产阶级与封建官僚间存在着千丝万缕的联系。总之，资产阶级遭受封建势力和外国势力的双重制约，在革命中革命性不强，软弱而易于妥协。至于如何看待买办和买办阶级，也必然要全面客观地去评价。

（六）引发社会阶层变动

洋买办向民族资本家转化引起了中国社会关系的巨大变化。在瓦解中国古老的自给自足的传统经济结构过程中，这种作用向各个阶层渗透，促使了传统商人、手工业者、地主等向近代资产阶级的演变，使中国资产阶级的队伍逐渐壮大，由此也推动了中国早期工业化的发展。买办最先投资近代企业，开一代风气之先河，为其他阶层作了很好的示范，带动了其他人投资近代企业的热情，这就有利于民族资产阶级队伍的壮大。其次，大量买办加入传统行会，给行会带来了一股新的活力。

另外，买办阶层还加速了中国农村自给自足的经济结构的解体，在一定程度上扫除了中国资本主义生产的障碍，使一些地区出现经济繁荣的景象，推动了中国早期工业化的发展。买办最初受雇于洋行，充当了进出口贸易的中介，主要职责就是帮助洋行推销外来商品，收购内地棉花、茶叶、生丝等土产品。买办直接让洋货深入穷乡僻壤，促使老百姓"弃土从洋"。如美孚石油公司通过买办打开了农村市场，使煤油取代了几千年来民间沿用的植物油和土制蜡烛。再如，洋布和其他棉织品在19世纪后半期"人皆便之，反弃土布不用"，"通商大埠，及内地市镇城乡，衣大布者十之二三，衣洋布者十之七八"。农民买纱织布，刺激了手工业者作坊的扩大。所以买办对中国的各个阶层的资本主义化都产生了深远影响，"在中国走向现代化的总趋势下，买办是能够最迅速、最成功把握有利历史时机的人，他们的活动推动了不同集团之间的相互渗透"。

买办直接投资创办近代民族工业走实业救国之路，成为中国近代最早一批民族资本家，正如毛泽东所说"帝国主义给中国造成了买办制度"，同时又"造成了中国的民族工业，造成了中国的民族资产阶级"。买办资本是民族资本的对立物，在帝国主义侵略下产生的民族资本，却又割不断与买办资本的联系。相反，在中国资本主义发生时期，存在着大量的买办资本向民族资本转化的现象。买办在中国近代民族经济发展中所起的作用有限，当20世纪40年代前后外商企业因战争等原因纷纷撤出中国时，买办社会底层大量破产，上层则向创办民族企业转化，金字塔崩塌，买办制度遂开始衰亡。

买办也存在着消极影响。有学者指出，买办阶级是一个反动阶级，它代表中国最落后、最反动的生产关系，具有破坏性、寄生性和封建性，它与封建阶级一样阻碍着中国经济的发展。它的破坏性表现在：为帝国主义倾销商品、搜刮原材料和操纵金融，使自己的利盘完全依附、服从于帝国主义在中国的侵略利益。它的寄生性表现在：买办阶级的最大的经济活动，主要不是从事生产而是商业和金融投机，是作为帝国主义侵略和掠夺中国的媒介，从事中间剥削，从帝国主义对中国的殖民主义活动中分沾余润。它的封建性表现在：买办阶级很大部分是由其家族及其亲属组成的，不少买办将剥削来的资金用于购买土地和放高利贷，从事封建土地租借和高利贷剥削，以及同封建地主官僚的联系和勾结等方面。

无可否认，买办自身存在无法逾越的历史局限。买办依靠为外商服务起家，买办积极投资民用企业的行为和努力符合近代社会发展的客观要求，推动了近代企业的产生和发展，因而积极作用是主要的。它的局限性是时代造就的，我们不能苛求。因此，买办在近代新式企业中的地位和作用应该得到肯定。

五、晚清"四大买办"

晚清唯一被认为符合企业家标准的商人群体就是买办。唐廷枢、徐润、郑观应和席正甫并称晚清"四大买办"。他们的历史眼光或许超越不出他们自身的阶级局限，但是，无可否认的是，买办阶层可以说是当时社会中的精英阶层。他们比较深入地受到过西方教育和西方商业精神的熏陶，对经商和财富的看法比传统商人会有很大的不同。

（一）唐廷枢

唐廷枢（1832—1892），初名唐杰，字建时，号景星，又号镜心，生于广东香山县唐家村（今广东省珠海市唐家湾镇），清代洋务运动的代表人物之一。唐廷枢是中国近代历史上著名的洋行买办，又是清末洋务运动的积极参与者。他的一生，对创办近代民族实业，推动民族经济发展，有着重要的贡献。

唐廷枢开始自己的商业活动和资本积累，是在担任香港殖民政府翻译时期。他天资聪颖，除了会说英语外，英文字也写得非常漂亮，连外国人也评价他"说起英语来就像是英国人一样"。在做翻译的同时，唐廷枢醉心于商业，1858年以前他就在香港投资了两家当铺，其后在上海一度出现的棉花出口贸易的高潮中，又从事棉花投机生意。他独自经营的修华号棉花行，成为外国洋行收买中国棉花的一个代理机构，并与怡和洋行发生业务关系。自担任怡和洋行买办后，唐廷枢的经济活动又有了进一步的发展。唐廷枢不但自己附股于外国企业，而且还为外国洋行吸收了许多买办和商人的资本，尽他最大的努力拉拢外国洋行在中国的生意。这些活动，不仅增加了他的额外收入，而且使他能对其所代表的中国股东，施加怡和洋行老板所希望发生的影响。对英商怡和洋行来说，"唐景星简直成了它能获得华商支持的保证"。美国旗昌洋行的老板说，唐廷枢"在取得情报和兜揽中国人的生意方面……都能把我们打得一败涂地"。后来唐廷枢参加李鸿章主持的轮船招商局的改组工作，这是他一生活动中的重要转折，从此成为洋务派官僚的有力助手。担任轮船

唐廷枢

招商局总办的唐廷枢，为这个洋务企业招徕了大量资本。他不但自己投资，而且把原为中国商人所有而委托洋行经营的轮船，也转搭招商局营运，在他的主持下，招商局的营业状况有了颇大的起色。魏源有一名言"师夷长技以制夷"，唐廷枢将此名言落实到了行动中。他负责轮船招商局工作之后，努力引进西方先进的企业管理制度，增强招商局的商办比重，扩大资本，加强管理，改善经营，使得业务大为扩展。不到十年，招商局已拥有江海轮船26艘，中国少溢出白银不下数千万两。他主持开采开平煤矿，开创华商保险业，也都实行先进的管理制度，大获成功。由他经营开采的中国第一座煤矿，由他主持修建的中国第一条铁路，让国人从此得享现代化的能源和交通之惠，开始了中国近代煤矿、铁路工业最初的现代化进程。

唐廷枢既是著名的买办，又是成功的民族资本家，还是卓有成就的爱国者。他在努力学习西方文化的同时，强烈反对西方列强对中国的欺凌；他在努力维护国家利益的同时，对于官僚体制下的种种腐败行为痛心疾首。唐廷枢作为中国清末洋行买办、洋务企业活动家，他创造了许多个"中国第一"，即中国第一家民用企业轮船招商局、第一家煤矿开平矿务局、中国民族保险历史上第一家较具规模的保险公司仁济和保险公司、第一条铁路唐胥铁路（唐山—胥各庄）、钻探出第一口油井、铺设了中国第一条电报线等。唐廷枢

对中国近代经济的发展起到了举足轻重的作用。唐廷枢在当时就获得很高评价，李鸿章称其"熟精洋学，于开采机宜，商情市价，详稽博考"。清朝军事家、政治家丁日昌也夸他"于各国情形以及洋文洋语，罔不周知"，"才识练达，器宇宏深"①。唐廷枢于1892年10月在天津逝世后，当时上海《北华捷报》发表纪念文章，赞扬他一生为中国民族工商业所做的巨大贡献，称他的一生代表中国历史上"一个时代"，"他的死，对外国人和中国人一样，都是一个持久的损失"，"要找一个人来填补他的位置，那是不容易的"，唐廷枢在当时的影响可见一斑。洋务派领袖李鸿章在悼词中评价称："中国可无李鸿章，但不可无唐廷枢。"李鸿章的悼词或有自谦和过誉之嫌，但唐廷枢对中国近代经济的发展确实起到了举足轻重的作用，唐廷枢也被称为从买办起家的中国第一位具有近代经营管理才干的企业家。②

（二）徐润

徐润

徐润（1838—1911），又名以璋，字润立，号雨之，别号愚斋。香山县北岭乡人（今广东珠海市北岭村）。15岁时，徐润随叔父徐荣村到上海，进入英商宝顺洋行当学徒。他极其勤奋好学，又有悟性，所以深得洋行上下看重，19岁已获准入上堂帮账，24岁升任主账，不久便接任副买办之职。早在宝顺洋行上堂帮账时，徐润就自己经营茶叶等生意。他与人合作开过一家"绍祥"商号，从内陆收购茶叶、生丝等，转卖给上海各洋行，后来他和唐廷枢等人一起创办了上海茶业公所。1868年至1888年正是近代中国茶叶输出最兴旺的20年，其中1886年输出量达268万担，创了茶叶出口的历史最高纪录。当时上海的茶叶出口量占全国出口总量的2/3以上，而宝源祥茶栈又是上海最大的经营出口茶叶

---

① 汪敬虞《唐廷枢研究》，中国社会科学出版社1983年版，第187页。
② 〔清〕吴汝纶《李文忠公全集：朋僚函稿》，光绪三十一年版，第13页。

的茶栈,因此,有人将徐润誉为"近代中国的茶王"。在19世纪70年代,徐润敏锐地看到上海百业振兴,万商咸集,地价将日益腾贵。于是他在经营茶业的同时,开始放手投资房地产业。他先后和华商、外商合创了上海地丰公司、宝源祥房产公司、业广房产公司、广益房产公司、先农房产公司等。当时的徐润,虽然难与洋商相比,但在华商中已是个"地产大王"了。

徐润对国家的主要贡献有:一是奠定中国近代航运业基础。当时徐润所在的轮船招商局是中国近代洋务运动中最大的经济实体,总局设在上海。徐润开办保险公司,承担营运风险。这家中国最早的股份制企业,不失时机地收买了当时东亚最大的商业船队——美商旗昌轮船公司,使招商局的规模和实力大增,从而控制了长江航运、沿海航运的大部分经营权,奠定了中国近代航运业的基础。轮船招商局是今天香港、台湾等地招商局的前身,它的发展轨迹典型地反映了中国民族经济走向近代化、现代化的艰难历程。在创业阶段,徐润所起的作用是举足轻重的。二是首创中国保险业。徐润开办了中国自己的第一家保险公司——仁和水险公司。他借鉴西方先进的经营模式,创办自己的保险公司,以推动民族经济的发展。"仁和""济和"这两家保险公司,实为中国保险事业之滥觞。三是筚路蓝缕办矿业。1887年秋,徐润首次出关塞勘矿,这时他已年届五十。在这以后将近20年的漫长岁月里,他天南地北奔波于各个矿区,除开平煤矿外,徐润还投资过铜矿、银矿、金矿等10余处矿产,为创办中国近代采矿业做出了贡献。四是开发近代文化事业。徐润在推动中国文化事业走向近代化方面做了大量的工作,诸如创办格致书院、仁济医院、中国红十字会等,其中影响最为深远的当数选派中国幼童公费赴美留学和创办同文书局。他从国外引进12台轮转印刷机,雇用工人500名,在上海创办了同文书局。该书局搜罗善本,发掘和保存了祖国的文化遗产。书局还出版了大量西学图书,广为发行流播。李鸿章赞其"搜罗海外奇书,彰阐中西新学"。①

(三) 郑观应

郑观应(1842—1922),本名官应,字正翔,号陶斋,别号杞忧生,晚年自号罗浮偫鹤山人。祖籍广东香山县(今中山市)三乡镇雍陌村。他是中国近代最早具有完整维新思想体系的理论家、启蒙思想家,也是实业家、教育家、文学家、慈善家和热忱的爱国者。

---

① 王远明等《春秋岭海——近代广东思想先驱纪事》,广东人民出版社2008年版,第40页。

纵观郑观应一生，就其职业定位，主要是从买办到洋务，再到资本家的过程，是一名具有"公共知识分子"范儿的成功商人。大约30岁时，郑观应开始参与外资大企业太古轮船公司的经营管理，他是国有大型企业轮船招商局、开平矿务局、上海造纸公司、上海织布局等的主要合伙人、参与者；他拥有丰富的近代企业经营管理经验，深得李鸿章、张之洞等洋务大臣赏识、信赖，不断被委以重任；他渐渐由体制外买办、商人被吸纳至体制内，成为近代中国著名的"红顶商人"之一，是近代中国洋务新政的重要实践者、见证者。

郑观应和他的《盛世危言》

郑观应是将买办做得风生水起的人物，他先后做过生祥茶栈的通事、受聘为太古轮船公司总经理。郑观应同时还投资于实业，先后参股于轮船招商局、开平矿务局、上海造纸公司、上海织布局等企业，并纳资捐得郎中、道员衔，与李鸿章等洋务派大员也交纳日深。在中国早期现代化进程中，郑观应是一位从事近代实业开拓、经营、管理的实业界先驱；在中国启蒙运动发展中，郑观应又名副其实地是一位最先全面触及启蒙思潮各项基本问题的启蒙运动先驱。作为实业家，郑观应的启蒙思想从酝酿开始，便具有自己亲身实践的丰富经验与坚实基础；作为启蒙思想家，郑观应的实业活动具有明晰的目标与开阔的视野。他的著作《盛世危言》贯穿着"富强救国"的主题，对政治、经济、军事、外交、文化诸方面的改革提出了切实可行的方案，给甲午战争战败以后沮丧、迷茫的晚清末世开出了一帖拯危于安的良药。郑观应是走在时代前列、观念不断更新的中国近代先进思想家。他在《盛世危言》中，提出了举办世博会的主张，是中国主张举办世博会的第一人。《盛世危言》中的"赛会"一篇集中反映了郑观应对世博会的理解，并大胆提出了在上海举办世博会的主张。他写道："故欲富华民，必兴商务，欲兴商务，必开会场。欲筹赛会之区，必自上海始。"郑观应在众多中国近代史与中国近代思想史著作中，都被作为早期改良主义思潮代表人物之一而加以历史定位。郑观应的思想不仅与潮流相吻合，且有不少超前设想，他的赋税、商战、教育、外交、国防、哲学、文学思想等领域贡献对后人影响深远。

（四）席正甫

席正甫（1838—1904），字素贵，清末苏州吴县东山人。上海英商汇丰银行第二任买办。席正甫出生于苏州洞庭东山的一户大户人家，但其父席品方去世后，家境衰落。1857年太平军战事发生后，席正甫从苏州来到上海，在同乡所设的小钱庄当学徒。1860年他自开了一家钱庄，1866年当上了英商汇丰银行的跑街。1874年，席正甫代表汇丰银行买办王槐山与清政府商谈福建台湾海防借款事宜，最后，汇丰银行以比当时高得多的利息，借给清政府200万两10年期借款。这笔贷款的成功，开了汇丰银行政治贷款的先例，将该行从财务窘境中解脱了出来，也使席正甫从此得势，既当上了汇丰银行买办，又受到清朝大臣李鸿章和左宗棠等的赏识。他借与清廷的关系和汇丰银行买办的身份，左右逢源，得到了极大的好处。

席正甫

从1874到1890年，清政府向汇丰银行借款17笔，绝大多数是由席正甫一手经办，他因此得到了大量佣金；而汇丰银行通过席正甫的上下沟通，业务也蒸蒸日上，为此对他优渥有加。

席正甫在长达数十年的买办生涯中聚集了大量财产，除投资经营金融业外，还在浦东、南京路、凤阳路一带购置了众多的房产。席正甫利用自己的社会关系，介绍亲友、熟人进入众多的外商银行，他的一些亲属还担任了洋行买办，席氏家族在19世纪末到20世纪初的上海滩成为风光一时的买办世家。当时外商在上海开设的大小银行有34家，其中17家由席氏家族担任买办，占据了上海金融界的重要位置，这在近代中国是独一无二的。

纵观世界各国，洋买办现象几乎是中国特色。无论是在亚洲的印度、日本、韩国，还是在美洲大陆，都不曾出现这样一个特殊的阶层。这是中国半殖民状态所独有的现象。在西方扩张的过程中，美洲、非洲最先被殖民化，亚洲的印度和东南亚随后被征服，在这些被西方彻底殖民化的地区，西方的统治势力可以直接实施垂直统治，而无须借助本地中间人代行控制，所以无须买办阶层费事。中国的情况比较独特，西方殖民者来到中国的时间太晚，而当时的中国相对强大，因此西方殖民者无法在短时间内彻底垂直统治中国，所以必须依赖一个中间阶层来代行控制，这个阶层就是官僚与买办阶层。

从纯粹的商业角度看，买办属于正常的商业代理行为，无可厚非。但是如果洋行进行的不是公平贸易，而是压榨式贸易；如果外国银行开展的不是普通的金融服务，而是控制货币供应的操纵性行为，那么问题的性质就发生了改变。洋行与外国银行的势力越强，生意规模越大，对中国经济的危害也就越深重。在这一过程中，帮助外国金融资本扩张势力范围的洋买办，就变成了伤害本国利益的重要帮凶。

第四章
白话俚语中的"洋词儿"

第一节　白话方言的形成与发展

广府人所说的"白话",就是粤语,英语称为 Cantonese,也就是平常所称的"广东话",然而,直至 1934 年出版的《中华民国新地图·语言区域图》才正式称"白话"为"粤语",粤语作为汉语中的一种方言,成为汉语七大方言之一。"白话"也是除普通话外唯一一个在 2009 年被联合国定义为语言(Language)而非方言(Dialect)的汉语。

白话属于汉藏语系汉语族,是一种声调语言;源于古代中原地区的雅言,于秦汉时期传播至两广地区与当地南越族相融合产生的一种语言。由于在中国历史上,华北及华中曾长期遭受异族入侵,直接带来了语言上的冲击,故中原雅言在岭南反而保存得较为完整。白话共有九音,相比普通话的四音更显古色古香。正由于白话源于春秋战国时期的古汉语,成为中国现存拥有最多古汉语元素的语言,它的名称来源于中国古代对南方的称谓"越"或"粤"。白话在广东、广西、香港、澳门和东南亚的部分国家或地区,以及北美、英国和澳大利亚等海外华人社区中广泛使用,还是加拿大第三大语言(仅次于英语和法语)、美国第三大语言(仅次于英语和西班牙语)、澳大利亚第四大语言(仅次于英语、意大利语和希腊语)。此外,白话在海外华人社区如马来西亚吉隆坡,越南胡志明市,澳大利亚悉尼、墨尔本,美国纽约、旧金山,加拿大温哥华、多伦多等地也广泛流行。

一、白话的形成与发展

白话的形成与发展经历了漫长的历史过程,是中原人移民岭南后与南越人杂居、越汉融合的结果。从秦至东汉这段漫长的岁月,西江中部一直是岭南汉族移民的主要地带,大批汉族移民将中原的文化、语言带到这里,生根、开花、结果。西汉平帝元始二年(2)到东汉顺帝永和五年(140)的 138 年中,南海、苍梧二郡编户分别大增 364% 和 457%,这些新增编户除部分为入迁者外,大多数恐与越汉融合有关。如此高速的户口增长,绝非自然繁衍所能达到,而南越、西瓯等族称逐渐不见于史,由此可以推断这些新增编户的多数即南越、西瓯融合于汉族的融合体。因此可以肯定的是，他们是广府民系的最初先民，而不可能是客家民系和潮汕民系的先民，这从他们的语言可以看出。据西汉扬雄的《方言》看，当时白话已经萌芽。它的某些词语如"睇"（看）等已经出现，其读音与今日白话相同。此外，还有其他一些词语，在《广东的方言》一书中也有专门论述。白话是粤地土著百越族的古台语不断接受汉语的影响并融合于汉语而形成的一种汉语方言，它的出现既是越汉融合的标志，也是越汉融合的结果。现代白话仍保留着若干古台语的语音、语法的特点和某些词语，即足以证明广府人与古越族的关系。以上入粤汉族多到达今珠江三角洲一带，他们的入住不但增加了广府民系先民的人口，而且其所带来的中原汉语进一步增强了对正在形成中的粤方言的影响。语言是文化的载体，随着汉族文化在岭南的传播，汉语也就在这一带流行开来了。由于广信一带远离中原，交通不便，这些汉族移民进入岭南之后，他们使用的汉语也就逐渐偏离了中原汉语的发展轨迹而形成了自己的某些特点，与岭南南越族本土语言融合，遂形成了早期的白话，即白话的雏形。从东晋时起一直至唐代，朝廷一直推行"以俚治俚"的政策，大量敕封当地粤人为公、侯，官至将军、刺史、太守、县令等，客观上有利于汉民和粤民的进一步融合。在这种良好的条件下，汉族的文化及语言就从西江中游不断地向东传播。白话便逐渐成为西江流域至珠江三角洲一带的通行语言。有一点必须强调，中原地区从"五胡乱华"起，受北方游牧统治达270多年之久，汉语内部发生了很大的变化。相比之下，岭南汉人所使用的白话却较多地保留着魏晋年间中原汉语的面貌。唐代诗人张籍的《永嘉行》中就这样写道："北人避胡皆在南，南人至今能晋语。"白话与中原汉语的距离拉开，主要是受到汉语与百越语的影响。到了唐宋时期，白话已经发展成为一种具有显著特点的汉语方言，并且形成了以番禺（广州）为中心，以西江流域和珠江三角洲为基础的一种通行语言。[①] 至清朝中后期，由于清朝仅留广州一个口岸与其他国家进行贸易，所以相当一部分外国人来到中国后掌握的语言是白话而非中原汉语。除此之外，不少京官为了与外国人经商，亦常常学说白话，这直接导致了白话在晚清时期非常流行。

  1949年后，白话作为一种地方语言而受到挤压，在中国内地一片"反对地方主义"乃至"推广普通话"的运动中，白话的地位大不如前。白话受到普通话的影响越来越大，以致在中国内地白话分布区的许多年轻一代不

---

① 参见叶国泉、罗康宁《粤语源流考》，《语言研究》1995年第1期。

懂一些专门名词的白话读法，这使不少以白话为母语的人士开始产生一种母语危机感，不仅白话，中国各地的方言都受到普通话很大的影响，因此中国各地要求保护本土语言文化的呼声逐渐开始壮大。意识到这种情况，为了保护中华语言及文化的多样性，在政府的支持下，有关学者已经开始了对这些语言的保护性研究工作。香港和澳门广泛运用白话，对南粤文化和白话的保留起了极大的作用，加上粤港澳地区受惠于长年的经济开放和流行文化发展，这些成果也令不少带有白话源头的词汇被传播开去。

二、白话的特点

在白话的形成与演变过程中，不仅保存了古汉语大量音韵音素，也保存着大量古汉语的词语，主要表现在语音、词汇、语法等方面。例如"佢"（他）、"着"（穿）、"颈"（脖子）等。然而，白话在词汇方面最突出的特点，是吸收了许多海外词语，外来语言、语音、词汇等元素源源不绝地向民族共同语输送。白话蕴涵着中外文化，是了解中外文化交流的一座桥梁。

（一）语音方面

在标准白话中保留有许多古老发音，例如标准白话中"我"和"饿"两字的舌根鼻音声母"－ng"保留了中古疑母的原始发音。在声调方面，标准白话完整保留了中古汉语中的平、上、去、入各分阴阳的调类格局，而且还从阴入中衍生出一个中入调，是保留古汉语入声最为完整的语言，对于朗诵及研究中国古诗词等文学作品，起着重要的作用。标准白话包含了－p、－t、－k、－n、－m、－ng六种韵尾，没有汉语北方话所具有的卷舌音、儿化、轻声等现象，而这些北方话特征都是在中古以后发展形成的，标准白话并没有跟随北方方言发生这些变化。

（二）词汇方面

由于汉人入粤很早，就语言方面来说，离开中原越早，保留古汉语的成分就越多。有些口语词在中原地区消亡了，却保留在白话方言中。如"来"，白话方言念作"黎"。白话方言中有很多是古汉语，例如：食（吃）、行（走）、企（站）、走（跑）、着（穿）、面（脸）、饮（喝）、俾（给）、斟（倒）、怒（骂）、晓（知道）、翼（翅膀）、晏（迟）、滚水（开水）、倾偈（交谈）、下昼（下午）、趁墟（赶集）等，都是古汉语。白话保留有较多古词古义，措辞古雅，且白话的许多词语，包括语气助词，都可以直接在古汉语的典籍中找到来源。在汉语北方话中，这些古词已被废弃不用或很少用。如白话中将"粘"说成"黐"，用"差人"来表示"警员"等。又如白话常用于句末的语气助词"忌"（现常常被写作"嘅"），在《诗经·国风·郑风·大叔于田》有"叔善射忌，又良御忌"的表述。再如"打甂炉"（吃火锅），"甂炉"为一种古炊具；"牙烟"（即"崖广"，意为危险，古文中原意为"悬崖边的小屋"，其中，"广"与"廣"在古代汉语中为不同的字，表不同的意思，前者就是"小屋"之意。悬崖边的小屋，就是危险之意。）；"濑渐"（现粤语中意为"遇到麻烦""麻烦"，来源于古书中形容衣衫尽湿在水中行走的声音——想象一下在水中行走的滋味，就不难发现粤语词的生动）等词。此外，现代汉语中"行"和"走"的意思基本上没有差异，但是在白话当中，"行"就是步行，而"走"保留了古汉语中"跑"的意思。但是随着汉语北方话在广东地区的推行和外来人口的影响，很多白话保留下来的古语词汇的使用频率已经减少。

（三）语法方面

白话中保留有修饰成分后置及倒装等语法项目。如在人名前加"阿"表示亲昵、"公鸡"倒置成"鸡公"，将"母鸡"叫作"鸡乸""鸡项"；北方话的"要紧"，白话方言说成"紧要"；白话方言将"客人"说成"人客"，用词都带有古越语痕迹。由于白话语法中有许多修饰成分倒置现象，因此产生了许多很特殊的句式。例如北方话中"怪不得"，在白话中作"唔怪之得"或"怪唔之得"。又如北方话中"我先走了"，白话中为"我走先"；北方话中"最近好吗"，白话中为"呢排点啊"，等等，这些都是古汉语特征的遗留。

（四）保留较多古南越语底层成分

古代南迁到岭南地区的汉人与"南越族"土著长期杂居，彼此间语言、文化、习俗等各方面不自觉地相互渗透。白话既有古汉语成分又有古代南越语成分，正是两个民族相互融合的结果。现代白话中也仍然含有许多古代"南越语"的成分，主要表现在词汇方面。例如，在白话中"呢"表示"这"，如"呢个"（这个）；"唔"表示"不"，如"唔好"（不好）；"虾"表示"欺负"，如"虾细路"（欺负小孩）；"边"表示"哪"，如"边个"（哪个），等等。这些都是古南越语底层词的遗留。古南越语底层词在白话中非常重要，若抽去则白话会严重"残废"，无法实现正常表达和沟通的语言功能。

（五）拥有大量与汉语北方话不同的特有词汇

白话在变化发展过程中也不断出现许多与汉语北方话不同的特有的词汇，这些词汇有的沿用至今，成为白话的另一特色。日常用语中白话不同于北方话的词汇可多达50%以上。在科学技术领域两者不同的词汇比较低，小于10%。

（六）吸收了较多的外来词

白话外来词主要来自英语。近数十年来，香港白话吸收外来词特别多，进而影响到广东境内的粤语区。这些外来词很多是汉语北方话没有吸收的，如"士多"（store），北方话中说"商店"；有的是北方话吸收了但译法不同，如北方话中的"沙拉"，在白话中译为"沙律"；不少外国人名在白话中的译法，亦与北方话存在很大差别，如第四十三任美国总统George Walker Bush在北方话中翻译成"布什"，白话则翻译成"布殊"。

从20世纪80年代开始，不少白话外来词随着香港、珠三角等粤语区居民和内陆的交流更加频繁，渐渐进入了北方话，例如"巴士"（bus）、"贴士"（tips）等。有时，这些词被北方话吸收的时候发生失真，如白话"搭的"（"搭的士"的简称，香港不通用）被北方话当作"打的"吸收。香港白话口语中还经常直接使用英文单词，比如，"文件夹"通常用file（读若"fai-lo"，有的文具店会写成"快劳"）；男警员或男老师称作"阿Sir"、女警叫"Madam"、女老师叫"Miss"，工作加班称为"开OT"（源自英语Overtime）等。虽然不少英文发音会翻译成汉字，但香港人不时会直接以英文表达字词，如"感觉"用feel代替，也没有相关汉字表述该读音。值得注意的是，为迁就白话的节奏，feel往往会读成few，失去L尾声，fax读成"fae-si"加重尾音。这种中英夹杂的地道用法在香港十分流行，而且在广东省粤语区也在逐渐增多。

另外，白话表达喜用民间俚语，又加上白话中的"洋词儿"颇多，尽管你每个字都认识，但其中的意思只有懂白话的人才明白，比如以下一段白话方言：

昨天"潮流兴""炒更"，今日又兴"跳槽"。今日"老细""炒你鱿鱼",听日话唔定你会"炒""波士"。所以你要自己"执生",就系"食自己"。

白话方言的奥妙堪值玩味。

目前广东省大概有1亿人口,当中,使用白话人口大约有6 700万,加上广西白话使用人数大约为2 500万,香港700万,澳门55万,泰国500万,新加坡和马来西亚500万,美国和加拿大200万,全球有将近1.2亿人口使用白话,使用地区广泛。美洲华侨和华裔几乎90%以上的祖籍都是粤语区,这使白话成为大多数海外华人社区最流行的语言之一。据有关新闻报道,美国哈佛大学、加拿大不列颠哥伦比亚大学也开设了白话课程,澳大利亚的亚洲蔬菜英文名是按白话发音来命名的。在香港及澳门,从市民日常交流,到学校教育、工商行业,到政府办公、立法会选举,再到科学研究、新闻传媒、大众娱乐,白话都占绝对优势地位(除白话之外,英语亦较为流行)。在汉语语族里,除普通话外,白话是比较成功地发展为全功能语言的语种。白话是除普通话外另一种在外国大学有独立教学和研究的中国汉语,也是唯一除普通话外拥有完善文字系统的汉语,即可以完全使用汉字(粤语字)表达。在港澳地区,人们使用白话拼音输入法、白话字典等。同时,香港大众媒体及娱乐事业的繁荣也使白话具有非常强大的影响力。

白话不仅在海外华人社区中被广泛应用,而且支持着香港文化及以南粤文化为中心的粤语文化,这使得白话具有很强的影响力,可以说它是目前世界上有较强生命力的语言之一。广州音是约定俗成的白话的标准音,大多数白话字典都以广州音为准。广州以粤剧、粤曲等传统艺术长期保持广州话的标准地位,至20世纪70年代末以后,香港粤语流行曲、粤语电视剧及粤语电影强势影响广东地区,继而辐射影响中国内地的非粤语省市。民间的香港口音跟广州口音并无明显区别,只是在语感上有少许差异,由两地在不同社会体制下沿用不同的习惯语汇,用词有所不同,以及两地教学改革所致。针对近年来香港年轻人懒音增多的现象,香港的一些大学教授发起了粤语正音运动,以何文汇主张的读音取代现时通用的读音,此主张受到广东及香港的粤语学者反对。有些白话方言与广州音较为接近,如广东西部的肇庆和茂名市的高州(旧称茂名县)、信宜和广西东南部的某些白话;而广东台山、广西玉林一带的口音与广州音的差异就非常明显。广东曾经作过一项调查,发现广府人最喜爱自己的方言,八成以上接受调查的人认为白话比其他方言好听,而认为自己方言最好听的潮州人和客家人不到四成,反而后两者中有接

近四成的人认为白话最好听,说明了白话在广东三种方言中的受欢迎程度且其影响力日趋强大。

三、广东白话的分布概况

白话集中分布于珠江三角洲和广东省西部,包括广州、深圳、珠海、东莞、中山、佛山、肇庆、云浮、江门、阳江、茂名11市所辖各市县。珠江三角洲东部、北部及连江流域,即惠州、清远两市部分区县,为白话和客家话交错分布地区。此外,韶关、汕尾、湛江等市也有一部分地区通行白话。具体分布如下:

广州:市属各区及增城市新塘、沙埔、仙村、石滩、三江、朱村通行白话;增城市荔城、宁西、中新、小楼、镇龙、正果、派潭、福和、永和及从化市各镇部分通行白话。

深圳:市属各区均通行白话,其中宝安、龙岗两区为客粤双方言区。

珠海:市属各区均通行白话,其中香洲区的湾仔沙、夏美和斗门的白蕉、六乡、斗门等镇部分村为客粤双方言区。

东莞:全市各镇均通行白话,其中东部的凤岗、清溪、樟木头、大岭山、黄江、塘厦、谢岗等镇及厚街、莞城、虎门镇的部分村为客粤双方言区。

中山:全市各镇均通行白话,其中五桂山、南朗、三乡、神湾、坦洲、沙溪、大涌的部分村为客粤或闽粤双方言区。

佛山:市属各区及南海、顺德、高明、三水均通行白话,三水区北部的六和、大塘、芦苞为客粤双方言区。

肇庆:市属各区及高要、四会、德庆、封开均通行白话,其中德庆县悦城、播植、武垄,封开县平凤、江川、渔涝、七星等乡镇中有部分村为客粤双方言区;广宁、怀集两县为白话与客家话及标话交错分布地区。

云浮:云城、云安、新兴、郁南、罗定均通行白话,其中云安县托洞、镇安、白石,新兴县河头、簕竹,罗定市加益、扶合、泗沦、都门、分界等乡镇为客粤双方言区,郁南县宋桂、东坝、河口、平台等镇的部分村为客粤双方言区或闽粤双方言区。

江门:市属各区及鹤山、新会、台山、开平、恩平均通行白话,其中鹤山市鹤城、共和、址山、宅梧、龙口、合成,新会市大泽、杜阮及台山市赤溪等镇的部分村为客粤双方言区。

阳江：江城、阳西、阳东、阳春均通行白话，其中阳春市圭岗、永宁、双滘、三甲、八甲，阳西县塘口、程村等镇为客粤双方言区，阳西县儒垌、沙扒、上洋、新圩等镇为闽粤双方言区。

茂名：茂南区及高州市所辖各乡镇均通行白话，其中茂南区的袂花、鳌头为闽粤双方言区，高州市根子、云潭、新垌、泗水、谢鸡、马贵等镇为客粤双方言区；化州市区及长岐、杨梅、同庆、笪桥、良光、南盛、丽岗、林尘、江湖、那务、新安、官桥、合江、平定、文楼、播扬等乡镇，信宜市镇隆、水口、东镇、丁堡、北界、高坡、金垌、径口、池洞、安莪、朱砂、旺沙、贵子、大成、白石、怀乡、洪冠、茶山、思贺等乡镇也通行白话，其中化州市新安、官桥、合江、平定、文楼及信宜市大成、白石、怀乡、洪冠、茶山、旺沙、贵子的一部分为客粤双方言区；原电白县羊角、坡心、林头为粤语区，七径、水东、博贺为闽粤双方言区。

惠州：惠城区为客粤双方言区；博罗县石湾、九潭、园洲等乡镇及龙门县麻榨、永汉、沙迳、龙华、王坪、龙城、蓝田、地派、左潭、铁岗、天堂山、龙江、平陵、路溪等乡镇的部分村也通行白话。

清远：清城区及清新、佛冈、阳山各乡镇，以及英德市黎溪、连江口、望埠、大站、英城、青坑、九龙、明迳、岩背、大湾、水边、浛洸等乡镇，连州市九陂、龙潭、高山、西江、连州、附城、龙坪、朝天、麻步、保安、石岸、清水、东陂、丰阳、朱岗、潭岭等乡镇，连山县吉田、三水、永和、上草、大富、太保、禾洞等乡镇，连南县三江、寨岗、金坑等乡镇，都有部分村通行白话。

韶关：市属各区为客粤双方言区；乐昌市乐城、坪石等镇，乳源县乳城、桂头、古母水、大布等乡镇也通行白话。

汕尾：城区为闽粤双方言区。

湛江：赤坎、霞山、坡头等区，吴川市区和浅水、长岐、樟铺、振文、吴阳、塘缀、板桥、黄坡、中山等镇及覃巴镇的部分村，廉江市廉城、安铺、石城、良洞、平坦、新华等乡镇及吉水、新民、营仔的部分村均通行白话。遂溪县北坡、港门、草潭、遂城，徐闻县曲界、下桥，雷州市客路等镇也有部分村为闽粤双方言区。

作为古代流放地的岭南，离皇帝很远，但是离世界很近。当山西商人、徽州商人、浙江商人在内地称雄时，岭南商人早已把眼光投向了全世界。岭南商人闯世界的红头船，漂过了南洋，漂过了太平洋，漂向了全世界。时至今日，不仅在广东大部分地区通行白话，世界各地但凡有唐人街的地方，无不以白话为通行语言。

第二节　白话受外来文化的影响

一、白话受佛教文化的影响

汉朝开通海上丝绸之路后，印度佛教便从南方各港口传入。唐朝，广州成为全国三大译经中心之一。当时的梵本经典多写在贝多罗树叶上，并用竹木夹好，经海路运入。如此一来，广州得领翻译贝经和孤本、稀本梵文版佛经之先，当时有众多学识渊博的三藏高僧、居士、士大夫来参与译事，每译完一部经即于寺内开讲，来听讲的僧俗川流不息。随着佛经的翻译和传播，岭南出现了如释怀迪这样的一大批佛经翻译家，还诞生了中国第一部佛经——由惠能口授、其弟子法海记录整理的《六祖坛经》。

梵文版佛经的翻译与传播，使大量梵语中的佛教词语输入到汉语之中。这些佛教词语有许多是首先进入广州通行的白话，然后逐步推广到整个汉语的。例如"南无"为梵语 namas 的音译，意译为"敬礼"；"文殊"为梵语 manjusri 的音译，意译为"妙德"，这些音译词所依据的都是白话读音。通过佛经翻译而传播的佛教词语，更多的是意译词，比如：世界、平等、方便、圆满、宗旨、刹那、过去、现在、未来、表示、解脱、妄想、烦恼、障碍、消灭、信仰、信心、心地、心机、心眼、正宗、空想、誓言、敬爱、自爱、追求、印象、恩德、理智、宿命、真空、真实、真相、化境、说法、身心、利益、普通、绝对、真理、真谛、原因、机缘、苦果、恶果等。这些词语在两汉以前的文献典籍中无法找到，而在汉译佛经中频频出现，逐步成为汉语中普遍使用的常用词语。而白话在这些佛教词语的输入中所起的桥梁作用，充分体现了广府文化的开放与包容特性。

二、白话受外地商人的影响

除了印度佛教词语，由海上丝绸之路传入白话的，还有东南亚和中东语言音译词，例如"邋遢"（脏），"冚"（盖）等，有人以为它们来自百越土著语言,其实是来自阿拉伯语。早在唐宋时,已有外地商人到中国经商,沿海地区外地商人云集,他们的语言便在中国流行起来,例如"巴闭"。"巴闭"一词并非汉语,巴与闭合起来亦费解,这个词语是音译过来的外来语词,它的来源有两种说法:一种是唐宋时中东、印度半岛的商人在广东沿海经商,他们在语言沟通上的确有点困难,正所谓"鸡同鸭讲",做起生意来有时会产生误会,尤其是在金钱上的争拗引来的嘈吵在所难免。有争吵便会提高声浪,而外商经常高叫"BAPRE、BAPRE",这是"天、我的天"的意思。沿海居民不知这两个声音是什么意思,观察外商的身体语言、神态,看见他们很烦躁的样子,又有嚣张之态,于是便将这两个音合成为一个广州白话独有的词语"巴闭"了。另一种说法是"巴闭"出自《圣经·创世纪》的"Babel"。"Babel"也就是通天塔,乃人类历史上最了不起的工程,所以"巴闭"的词义就是"了不起"。然而,因为通天塔最终没建成,所以那"了不起"有贬义色彩,揶揄多于佩服。上帝看人类极其傲慢,扰乱了建造者的口音,所以"巴闭"的另一词义就是"声音乱杂"。总的来说,"巴闭"有褒义与贬义两种解释。褒义有显赫、光彩、成就辉煌、很厉害的意思;贬义有嚣张、不可一世、蛮横无理之意,又有很嘈吵的意思。因为嚣张及逞强时必定提高声调,故有"嘈喧巴闭"这样一句俚语。一个词语的连用,需配合当时的实际环境,褒与贬在于上下文的意思,不能定性。

三、白话中的"洋词儿"

(一)受洋人、洋文化影响而产生的词儿

语言是最富于变化的,是灵动的。随着时代的发展变迁,人们使用的白话也在时刻进行自我演变。自古代海上丝绸之路开通以来,受外来文化的影响,白话在发展和演变过程中,涌现了一些与洋文化相互辉映、彼此有着千丝万缕联系的词儿。以下以"番鬼"为例对此加以阐述说明。

粤语有个常用词"番鬼",对其所指有着不同解释:一说它泛指外国人,另一说它专指外国侵略者。对这个词的来历考究如下:"番鬼"中的"番"来自古代汉语,泛指我国北方及西部的外族。他们建立的国家称为"番邦",中原王朝与"番邦"修好关系则称为"和番"。汉朝开通陆海两条丝绸之路后,大批外国商人及旅行者接踵而来,其中经西北陆上丝绸之路来到长安一带的习惯上不再称为"番"而称为"胡"。从海上丝绸之路登陆广府地区的

则称为"蕃"。唐朝广州光塔码头一带就是著名的"蕃坊",居住在那里的外国人称为"蕃客",他们主要来自大食(阿拉伯)、波斯(伊朗)、天竺(印度)、狮子国(斯里兰卡)等国家。"蕃"显然是从"番"字演变而来,然而为何要加个草字头?有学者认为是为了跟来自北面的"番"有所区别,也有可能是因为当时广州称为"番禺",故加个草字头以免混淆。

明朝中叶,中国开始实行海禁,仅允许广州"一口通商"。清康熙年间,海禁更为严厉,"片板不许下水,粒货不许越疆"[1],但广州"一口通商"的政策没有改变。"十三行"成为当时全国的中西贸易中心。居住在那里的外商主要来自欧美各国,包括"红毛国"(英国)、"花旗国"(美国)、"单鹰国"(德国)、"双鹰国"(奥地利)、"黄旗国"(丹麦)等,他们身材高大,蓝眼睛,钩鼻子,红头发,不仅跟中国人的相貌差异很大,跟昔日来自大食等国的"蕃客"也不一样。为此,粤人将"蕃"字的草字头去掉,以示区别;同时,他们带来了许多科技产品,是粤人见所未见,闻所未闻的,由于在白话中,人们喜欢把古灵精怪说成"鬼马",把幽默风趣说成"盏鬼",因此,便在"番"字的后面加上个"鬼",组合成了"番鬼"这个粤语词。在相当长一段时间,广府人跟"番鬼"关系不错。因乾隆禁止洋人学习中文,而出于交际需要,广府人就纷纷学习英语。有人编了一本小书,列出了一些常用的英文单词,后面都用汉字标出读音,以便于掌握,书名叫作《鬼话》。此书一出,立即风行一时,无论高官富豪,还是平民百姓,都热衷于学"鬼话",当时的世界首富伍秉鉴就是个"鬼话"高手,这一事实足以说明"番鬼"中的"鬼"字没有贬义。而最先介绍这本《鬼话》的,则是美国人威廉·亨特所著的《广州番鬼录》。这本书主要记述19世纪外国商人在广州的生活,可见当时外国人对"番鬼"这一称呼并不反感。不过,鸦片战争之后,一些外国人从经商者变为侵略者,粤语中的"番鬼"也就逐渐带上了贬义色彩,表达了中国人长期以来对外国列强入侵的一种憎恨及蔑视。最为典型的,如在北部湾沿海一带民间建筑有一种"番鬼托梁",即以外国侵略者的形象,雕刻成木垫置于会馆、庙宇梁架上作托梁之用。用"番鬼托梁"寓意侵略者被木梁重压,永世不得翻身。又如湛江坡头关帝庙的一具"番鬼托梁"彩色木雕,珍藏在北京中国军事博物馆,并被列为国家一级保护文物。

"番鬼"这个粤语词的演变过程,可以看作两千年来广府人对外交往史

---

[1] 〔明〕胡宗宪《筹海图编》卷四《福建倭变记》,四库本。

的缩影。此外，值得一提的是，人们把很多从外域进来的日用品，都称为"番鬼嘢""番货"，如番茄、番薯、番石榴、番鬼荔枝，以及把南瓜称为番瓜、肥皂称为番枧等。这些"番鬼嘢"越来越多，充斥了市场，由于其实用性强，也开始慢慢地被国人接受。而在北方语音中，"番鬼"用"番"称谓拗口，于是，就用"洋鬼子"称谓来代替，其他相类似的称谓还有"洋枪""洋炮""洋火""洋蜡"和"洋油"等。后来，"洋货"越来越多，干脆不用"洋"的称谓，只是直呼其名了，比如自行车、照相机和香水等。除此之外，前文所详细叙述的白话特点方面所列举的词语，都是白话中夹杂着的"洋词儿"。

（二）受外来文化影响，在白话中衍生的"广东英语"

明清时期，广州成为全国唯一的对外贸易口岸，随着中外交往的发展，出现一种"广东英语"（一说"广式英语"），将英语单词用白话音译，用汉语语法"组装"。

中国人开始与外商做生意，必须解决的一个问题就是克服语言交流的障碍。大清商人多数从未与外商打过交道，由于语言上的障碍，难以与外商建立起必要的信用关系；而外商对中国的交易习惯、货币和度量衡等也不尽熟悉，在十三行长达百年的历史中，中国商人到底是怎样和外商进行交流的？那些动辄数万银圆的大宗生意又是怎样做成的呢？这要从十三行商人的独特的发明——广东英语说起。行商在与外商频繁接触的过程中，渐渐地熟悉了海外的交易规则，后来也能说着一口流利的"国际语言"与外商谈判。这种国际语言就是当时流行的一种奇特的"广东英语"，它是在广州的中国人与西洋人之间进行商业贸易和往来媒介的独特语言，这种语言是在语言的基础上吸收了白话的特殊表达而形成的。根据史料记载，清乾隆二十四年（1759）颁布了《防范外夷规条》，清政府将外国人学习中国语言定性为犯法行为，任何人如果被发现教授外国人中文，就会被处死。其中，就有一个叫刘亚匾的人，因"教授夷人读书"的罪名被处死。这一规定，给中外商人之间的对外贸易造成了很大的障碍。但所有的新生事物都是在矛盾中孕育、为解决现实矛盾应运而生的，广东英语也不例外。当时，广州是清朝唯一的对外通商口岸，由于利益的驱使，当地的商人都不愿错过与外国人交往获利的机会。为了让西方贸易伙伴明白中国反复无常的贸易规则，18世纪初，广州商人兼收并蓄，创造出了一种奇特而实用的媒介语言，即广东英语，此后，它成为十三行和外商使用的商用混合语，在广州口岸流行。这是广州民

间智慧的创造，也是中国发展对外贸易的产物。

广东英语起源于出现时间更早的澳门葡语。当初葡萄牙人最先进入中国的时候，这种语言在广州是以葡萄牙语的形式存在的。在广州口岸的中国人与西方人进行商业交往的语言称"广东葡语"，使用广州白话注音。《澳门纪略·澳译》即列举杨炳南口述、谢清高笔录的"广东葡语"，如国土称为"哩"，公主称为"必林梭使"（princesa），首相称为"善施"（chancelle）等。到18世纪，随着英国人的到来，并逐渐成为清朝对外贸易的主要对象，广东英语逐渐代替了葡萄牙语，使广州成为英语在中国立足和传播的基地。广州商人发明这种语言经历了一段时间的摸索过程，聪明机智的广州人经常光顾十三行街上的店铺和其他外商经常活动的地方，认真倾听外国商人如何用英语交流，后来就慢慢模仿外国人说话的音调，依照广州白话的语法习惯来表达他们的思想，并与外商进行交流。中英贸易之初还要靠会讲广东话的葡萄牙人或者会讲葡萄牙语的中国人作为中介来进行沟通，随着中西贸易的日渐频繁，十三行的行商们为了更方便地与西方人交流，不仅自己学习西方语言，而且要求工作人员也要学，并要有专门从事语言文字的翻译。正是在行商们的推动下，"广东英语"才风靡一时，成为中国式英语的一种。当时，在广州十三行商馆附近的书店销售的一本名叫《鬼话》的小册子，其中就有用"曼"代替"man"的发音、today注音为"土地"等内容，相当于今天的英汉对照词典，很受当地人欢迎，就连瓷器彩绘作坊的画工、工匠们也都能正确地书写英、法等国的字母和名词。但是美国传教士卫三畏评价这些小册子所标注的英语"发音很糟糕"。

比如一本清朝英语学习教材中，列举以下一句：

Tomorrow I give you answer to do with my friend.
托马六、唵以、及夫、尤、唵五史为、土、度、回夫、买以、勿伦脱

"托马六、唵以、及夫、尤、唵五史为""土、度、回夫、买以、勿伦脱"，汉字标注读音，正如该书作者所言"自揣摩之"。这些毫无逻辑的文字叠加在一起，让不少人都以为是乱码，而在没有复读机的晚清，英语发音全靠这些"乱码"，但是这些不是乱码，而是"音标"，是当时的白话。

清朝英语教材在书中画了12个小格子，每个格子里都是一句英语，最上面是汉语句式，中间为英语句式，最下面是汉语注音，这些注音都是用汉字代替音标。

在教材开始还有一段"使用说明":"汉字从右至左读、英字从左至右读……"而作者也在开篇作了学习诀窍友情提示,"唯学者自揣摩之"。

广州商人创造的这种国际语言没有固定的语法,也不讲究什么逻辑关系,它似乎宁可服从于汉语表达习惯和词序,也不肯遵从英语的基本语法。广州商人这种化洋为中的民间创造巧妙地解决了中外交流的障碍,他们将外国话转化成一种当地语言,这对于一个缺乏商业传统的封建国家来说,确实是了不起的变革。

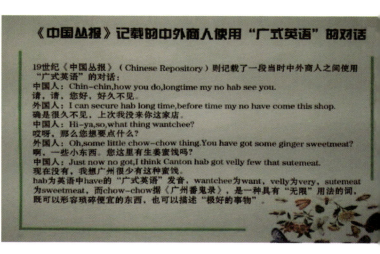

《中国丛报》记载的中外商人使用"广式英语"的对话

19世纪广州人与外国人交谈的"广式英语"

清朝英语教材

这种汉语和外语混杂的产物——"广东英语",是中西文化交流初期的产物。如今,由广东英语而派生出的一批中西结合的词语,例如"冷衫"(毛线衣)、"恤衫"(衬衣)、"扑飞"(买票)"打波"(打球)、"波恤"(球衣)、"波鞋"(球鞋)等,一直沿用至今,成为白话中特殊的亮点。

四、"洋泾浜英语"

(一)"洋泾浜英语"的兴起与发展

鸦片战争之后,上海增为通商口岸,许多广东商人随之而迁往上海经商,将"广东英语"带到上海洋泾浜,由此而派生出"洋泾浜英语"。按《上海闲话》的作者姚公鹤的说法,这是一种"以中国文法英国字音拼合而成,为上海特别之英语"。洋泾浜英语(Pidgin English)即混杂英语,混合英语,英汉夹杂语,母语或者其他语言与英语混合在一起说。洋泾浜英语也叫皮钦语,为英文"pidgin"的音译,俗称"洋泾浜"(读 yáng jīng bāng,源于上海一处靠近租界的地名),是中华人民共和国成立前在上海洋泾浜地区流传的一种中式英语,属于混合语,是国人、葡萄牙人和英国人在中国从事贸易的联系语言。从纯粹语言学的观点看,它只是语言发展的一个阶段,在没有共同语言而又急于进行交流的人群中间产生的一种混合语言,属于不同语言人群的联系语言。洋泾浜英语一旦作为母语传递,成为一门社会交际语,它就开始逐步扩大词汇,严密语法,迅速发展丰富起来成为共同交际语言或独立语言。

上海开埠以后,原开设在广州、香港、澳门、南洋等地的洋行,以及在本土的外国公司纷纷转迁上海或在上海设立分支机构。由于中西语言上的隔阂,一些原在洋行任职、粗通英语的广东籍买办也随着洋行进入上海充当外国人的翻译或华洋贸易的中间人。同时,上海本土及其他籍商人为了能与外商直接往来并跻身上流社会,开始学习简单的英语会话。从此,上海地区开始流行带有浓重乡音而又不遵照英语语法的中国式英语,即"洋泾浜英语"。姚公鹤先生在《上海闲话》一书中是这样对洋泾浜英语下定义的:"洋泾浜话者,用英文之音,而以中国文法出之也。"① 相传,从事此业者有 36 人,名曰"露天通事",他们大多为无业泼皮、马夫之流。当遇到外国水手或初到上海的洋商外出购物时,他们就自荐做外国人的向导,从中获利。其实

---

① 姚公鹤《上海闲话》,上海古籍出版社1989年版,第18页。

"露天通事"素以无赖著名,究竟是否只有36人,并无正史为证。只不过像郑子明、范高头等著名人士有36人,而事实上其他无名泼皮者非常多乃至无法统计。"洋泾浜"三字集中地反映了租界华洋杂处的社会文化特征,在上海地区英文专修学校和更高级的大学尚未成立时,来自不同国度的人们和本地居民普遍都使用这种语言。在英文中,洋泾浜英语还被称为 Pigeon English,即"鸽子英语",专指不同语种的人们在商业交往中发展而成的混杂语言。这种沪版鸽子英语一度广泛使用于上海,连正宗的英国人到上海落脚,也得先从师学习几个月"洋泾浜话",才算通过初步的语言关。对普通的上海市民而言,掌握洋泾浜英语的难度似乎并不太大。民国时的《上海俗语图说》中曾记载了洋泾浜歌诀:

> 来是"康姆"去是"谷",廿四铜钿"吞的福";
> 是叫"也司"勿叫"拿",如此如此"沙咸鱼沙"(So and so);
> 真蕲实货"佛立谷",靴叫"蒲脱"鞋叫"靴";
> 洋行买办"江摆渡",小火轮叫"司汀巴";
> "翘梯翘梯"请吃茶,"雪堂雪堂"请侬坐;
> 烘山芋叫"扑铁秃",东洋车子"力克靴";
> 打屁股叫"班蒲曲",混帐王八"蛋风炉";
> "那摩温"先生是阿大,跑街先生"杀老夫";
> "麦克麦克"钞票多,"毕的生司"当票多;
> 红头阿三"开泼度"(Keep door),自家兄弟"勃拉茶";
> 爷要"发茶"娘"卖茶",丈人阿伯"发音落";
> ……①

也有的类似歌诀会加上"一元洋钿'温得拉'"(one dollar)的内容,大同小异,但有一点得清楚,就是该歌诀须用宁波人的甬音来念,更为原汁原味。这也间接反映了宁波生意人在上海滩的地位。一般在上海市民观念中地位较低的"江北人",在生活中使用洋泾浜英语的机会要少得多,即使有拉黄包车的脚夫和洋顾客讨价还价,有时做个手势也就足矣。倒是在一些洋商开办的工厂里,由于许多工作用语和器具材料皆为舶来品,不少老工人在干活时,往往会夹杂一些洋泾浜英语。例如在旧上海闸北电厂,常能听到诸如"格只凡尔(valve,阀门)要修了""做只猛格(mark,标记)"等话语,有

---

① 汪仲贤撰述,许晓霞绘图《上海俗语图说》,上海社会出版社1935年版,第12页。

时需要到车间里楼梯小平台干活，大家也都习用"格兰汀"来形容，即指"go to landing"之意。这种在上海工厂中形成的特殊语境，与讲话人自己是否明白英文原意已完全无关。

据近人研究，洋泾浜英语主要有以下两个特征：首先是植入的英语词汇有限，大概七百余个单词，所以一词多用和一音多义现象严重，如my可以与I, we, mine, ours 等同义通用，同样"店、船、夷皂、羊、汤、样，少破能该六字云"，即 shop, ship, soap, sheep, soup, sample 一律读作"少破"；其次为英语语法中国化，一般不使用介词，如把"很久没有见到你"说成"long time no see you"等。事实上，用汉字为英文注音的学习方法，在近代曾长期大量存在。

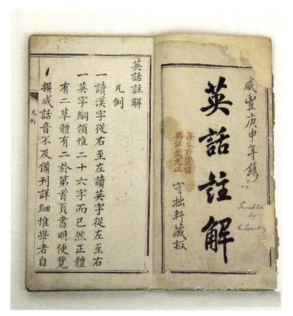

近代国人学习英语的英语教材之———《英话注解》

研究中西文化交流史的孙广平博士在一篇关于晚清英语教科书发展的文章中介绍，当时的英语教科书分为三个阶段，萌芽阶段主要在1807年到1840年，在中国的通商口岸，一些中国人自己编写的学习教材比较流行，主要是洋泾浜英语课本，可满足中外贸易需求。这些课本都是用汉语为英语注音，方便中国人学习。第二阶段是1840年到1895年，英语教学得到了发展，西式学堂兴起，中国人自己编制的学习英语的书籍种类增多。第三阶段是1895年甲午战争失败后，这一时期开始引入一些原版英语教科书。在美国人编写的一本英文教材中，就开始用音标为英文字母标注读音。掀起中国人学习英语的热潮是在洋务运动的推动下，那时一些西式学堂，如"大英学堂""英华书馆""英文书塾""英语班""英话英字馆"等各种培训机构如雨后春笋般出现。这些学校大多是在华的外国人所办，且针对的学生群体也各有不同。有高价收取富商子弟的贵族班，也有针对贫民子弟的英语夜校。

以英华书馆为例,这所"沪上有名书院",就分为日班和夜班,学费3元到5元不等,课程不但有英文,还有算学和司账等财会知识,由于教学质量好,经常出现招生爆满的情况。1882年,《申报》的一篇文章中已经写到,洋场中由中外人士设立的培训班,"专课英文英字者已难偻指数"。在上海的书肆中,《英话注解》《英字入门》《华英文字合璧》《华英通用要语》《无师自通英语录》《英字指南》等英语教材比比皆是。以《无师自通英语录》为例,作者将常用的英语句子收录其中,每个句子下面用汉语的谐音进行标注,这本书一共收录了900个句子,堪称最早的"英语900句"。在各大报纸的版面上,招聘启事通常要求应聘者懂英语。如1877年5月26日,《申报》有一则启事招买办,要求"须识英语并熟于进出口各货生意";同年6月27日,一则招账房的启事,要求"须谙别琴(洋泾浜)英话"。在上海的街里弄堂,也常常能听到孩童们大声背诵"来是康姆去是谷,廿四铜钿吞的福。是叫也司勿叫拿,如此如此沙咸鱼沙。真崭实货佛立谷,……洋行买办江摆渡"的洋泾浜英语歌谣。这滚滚热浪来势如此汹涌,以至于早在1886年,上海《申报》上就有人写文章呼吁,"华人子弟不宜只习西文西语"。

西风影响下,中国人学习英语的热潮被掀起

(二)"洋泾浜英语"的消逝

"洋泾浜英语"毕竟是非正规语言，只能限于一时一地。20世纪初以后，一方面随着留洋学生的大批归国，另一方面由于外语学校的普遍出现，中西文化交流进一步深入，"洋泾浜英语"已成为沪上人士形容不伦不类的人或事的代名词，带有明显的贬义。洋泾浜英语在文化层次高的群体中逐渐消失，但仍在部分文化层次不高的群体中使用，并流传至今，而且流传广泛，不仅仅限于上海，广东很多地方的人也普遍使用这种"中国式英语"。随着互联网的发展，就像网络词汇传播速度那般飞快，其实这种英语已经不限地域、不分文化程度，各个年龄阶段的人都在使用了。直到今天，你还能听到有人把"给你点颜色看看"说成"Give you some colour see see"；有些人则更进步一些，在此说法上加了个介词"to"，即"Give you some colour to see see"。

洋泾浜虽已被填平百余年了，它曾是河道早已被人遗忘，但作为俗语又深深地印在人们的记忆中。如朱大可《殖民地鲁迅和仇恨政治学的崛起》里面有关于上海俚语的段落，很有意思。隐藏在当代上海俚语中的那些近代隐语记号，无疑是我们对殖民地鲁迅进行精神分析的一个文化语言学的主要依据。值得注意的是，那些描述商品和人性低劣性的语词在上海俚语中占据了重要地位。比如"蹩脚"（Bilge，船底污水，引申为肮脏的、下三烂的、劣质的）、"大兴"（Dashy，浮华的，华而不实的，引申为假的、冒牌的、劣质的）以及"肮三"（On Sale，二手货贱卖，引申为垃圾货、形容人的品质低劣）、"瘪三"（Beg Sir，乞丐先生，用来形容叫花子、难民、逃荒者等各式穷人，后引申为最广泛的骂人用语之一），等等，这些至今仍被大量使用的俚语，不仅在上海流行，在广东、香港等地也能普遍听到一些由洋词儿转化的俚语（例如"瘪三"）在白话中出现。

五、外来文化影响下，白话中出现的洋文化词汇

近代，中西文化交流进一步深入，一方面是因为留洋学生的大批归国，另一方面是由于外语学校的普遍出现，学习英语的热潮高涨。伴随着朗朗的读英文声，不知不觉中成长出一批具有西学意识的一代新知人群，他们带给了国人一个全新的世界观和世界意识。外语的学习不仅影响了本地语言，也带来了很多新的文化、知识、理念等。

比如，1868年，同文馆学生，即后来光绪皇帝的英文教师张德彝随使团访问欧美，在英国伦敦，他见到一种小车，"前后各一轮，一大一小……上坐一人，弦上轮转，足动首摇，其手自按机轴"。张德彝将之翻译成"自行车"。他在美国看到总统住所，上下皆是白色，他翻译成"白房"。在英国将领戈登家中，他看到一种"形似茶几"的机器，"做女工时将布放于针下，脚踏关键，针线自能运转"，将之翻译成"铁裁缝"。这些都是由于外来文化的影响而产生并在中国使用至今的新词汇。此外，经张德彝首译的还有"电报""螺丝"，而他还向国人介绍了诸如"蒸汽机""升降机""收割机""管道煤气""标点符号"乃至"巧克力"等新事物。除了这些"奇技淫巧"的器物，通过这些英语学人的翻译和介绍，"天文""技艺""化学""电学""声学""光学""汽机""格致""博物"……种种新科学令人应接不暇，"洋务""海军""自强""君权""民权""通商""开矿""利权""公法""变法"……种种新理念不断刷新着国人的思维。西学带来了许多新事物，在此外来文化影响下传入中国的新词汇也倍加增多。

改革开放以来，随着中外经济文化交往日益频繁，出现了引进外来词语的新浪潮。这次新浪潮跟前两次比较，不但来势更猛，输入量更大，而且有一个明显的特点，就是通过港澳作为桥梁。大多数外来词语都是先输入港澳，流行了一段时间之后，再被引进珠江三角洲。港澳本身是粤语区，因而所引进的音译词多带白话方音，意译词及音意兼译词也带有白话的构词特点，加上广东尤其是珠江三角洲与港澳毗邻，这些外来词语就首先输入白话之中，然后随着白话的扩散而推向全国各地。同时，香港通行英语，所引进的外来词语也就以英语词为主，有直接音译的，例如"的士"（出租车）、"巴士"（公共汽车）、"飞士"（面子）、"波士"（老板）、"啉巴"（号码）、"士多"（小商店）、"贴士"（提示）、"粉丝"（崇拜者）、"杯葛"（抵制）、"波"（球）、"呔"（领带）、"花臣"（时尚）、"菲林"（胶卷）、"士的"（拐杖）、"士巴拿"（扳手）、"飞"（票）等；也有白话与外来词语"组装"的，例如"大巴""中巴""打的""领呔""酒吧""网吧"等。据语言学家陈章太、陈建民在20世纪90年代初的统计，改革开放以来，仅是通过白话吸收进普通话的外来词语至少有600多个，其数量远远超过国内其他任何地方方言。在吸收外来词语的同时，白话还产生了一大批流行词语。例如"炒鱿鱼""炒更""埋单""搞掂""生猛""入围""抢手""爆满""人气""减肥""花心""靓女""煲电话粥""按揭""布艺""搞笑""廉租""房车""面膜""咪表""猎头""警匪片""洁具""穿帮""非礼""高企"

"卖点""另类""置业""楼盘""物业"等。上述外来词语和流行词语,已经成为广府文化的一种符号,随着南风北渐而传遍全国。中国社会科学院语言研究所编的《现代汉语词典》在1996年和2005年两次修订时,就收录了不少白话中的外来词语与流行词语。修订主持人晁继周先生指出:粤方言对汉语贡献很大,有查询和解释价值的白话越来越多。"可能过不了多久,这些方言就会变成普通话的一部分。"

很多洋词儿或者其他外来词汇都被广泛使用并逐渐定型成为白话中的一部分,甚至白话中的一些词语也逐渐被纳入到普通话中,成为普通话的一部分。外来文化的入侵,或者中西文化交流,不仅影响着广东的建筑、饮食、服饰、生活等外在和物质上的东西,也影响语言、习俗、信仰、思维等内在和精神上的东西,中西文化在相互冲击、交流、融合中发展。

第五章
西风渐入百姓家

岭南地区文化具有多元的层次和构成因素，早期主要由移民与古越族杂处同化而成，既有古南越遗传，又受中原汉文化哺育，更受西方文化及殖民地畸形经济因素影响。广东由于最早受到海外尤其是近代西方先进文化思想的影响，得风气之先，西风也逐渐洋溢于寻常百姓家。

广州自古以来就是广东乃至岭南的区域政治、经济和文化中心。在建筑、宗教、戏剧、音乐、文学、绘画、工艺、饮食、园林、风俗等各个文化领域，处处表现出悠久的历史渊源和鲜明的个性，给人以多层次、立体的和丰富的感受，使广府文化在广东各民系文化中占有优越的地位。由于至少从汉代开始与海外文化的接触交流不断，故广府民系的人民，在三大民系中最具开放性，比较易于接受外来新事物，敢于吸收、模仿和学习西方物质文明和精神文明，并将传统文化与之相互融合。

海上丝绸之路的兴起，带来了中国与周边国家和地区第一次文化大交流，包括各种新农作物、器艺、宗教等的交流，对中国文化产生了深远影响。例如传入岭南的有棉花、枇杷、桂木、山荔枝、无花果、茉莉花等，对中国饮食文化和饮食结构等方面产生了深远影响。

第一节　广东饮食中的西方元素

广东饮食文化源远流长，其形成过程不仅有自身环境的影响，也有外来饮食文化的影响。通过丝绸之路、香药之路、唐朝鉴真东渡、郑和下西洋以及改革开放等途径，广东饮食文化与各国各地文化交流频繁，相互影响，共同发展，充分发挥和体现了其强大的包容性，取其精华，去其糟粕。广东饮食文化发展比较完善，自成体系，形成了具有区域特色的粤菜，在历史舞台上保持了自己的特色。但与外来饮食文化的碰撞交流又使人们在广东饮食中处处能找到西方文化元素，进一步丰富了广东饮食文化。

如今，广东饮食文化与各国饮食文化有多样性交流与多元性融合，从广东饮食文化中既能看到西方元素，又能充分体现出特色鲜明的粤菜的"广东味道"。

一、西方饮食传入的历史背景

早在秦汉时期，随着丝绸之路的开通，岭南就开始引进各种食品原料、作物品种。张骞通西域，引进了茄子、扁豆、黄瓜、苜蓿、石榴、胡瓜、大蒜、胡麻等蔬菜，也引进了葡萄、西瓜、胡桃等水果。作为中国的南大门，广州口岸一直保持开通的优越条件，各国商人、传教士、使臣络绎不绝。唐代广州"通海夷道"的形成，扩大了与更多国家的交流和往来。往来于中西之间的各国贡使和商人以及西方传教士等，都是中西饮食文化交流史上的重要使者，他们除了给中国带来五花八门的食材或食物以外，还自觉不自觉地向中国传播西方饮食文化和近现代饮食文明，以进贡或款客的方式将西方食品展示给中国上流社会，则是最重要的渠道。唐朝时，中国与日本和朝鲜保持了和谐友好联系；宋朝打破了坊市的界限；元朝统一中国时，带来了蒙古族、回族等少数民族的饮食文化；明朝开发了野生动植物品种，郑和七下西洋使得饮食文化达到成熟时期。而真正的饮食文化交流，是在清朝后期，即从1840年鸦片战争中国沦为半殖民地半封建社会开始。鸦片战争中列强用洋枪大炮轰开国门，强制性开放了诸多通商口岸，强制灌输西方文化。鸦片

战争后,西方列强依靠船坚炮利轰开了闭关自守的中国大门。一向以泱泱大国自居的中国人开始睁眼看世界,所见到的西方,不再是印象中昔日的蛮夷之邦,而是具有高度发展近代文明的先进强国,资本主义发展鼎盛,在政治、经济、军事、科技各个方面都远远超过了自己。在步步沦为其半殖民地的痛苦过程之中,千年积淀的中华文化的优越自信也遭受重击,不复存在。在西方文明的巨大冲击之下,从遥远西方舶来的体现西方资本主义物质文明的声光化电、饮服日用、交通通信、市政建设、文化娱乐、居住方式乃至生活方式,都不同程度地传入中国,对中国社会尤其是开放的通商口岸及附近地区产生了极大的影响。面对紧跟枪炮而来的奶酪和黄油,中国人从孤芳自赏到迷失彷徨,再到崇洋风甚,最后在传统中突破创新,在创新中蕴涵传统,逐渐走向科学理性之路。这一历史过程之曲折,史无前例。

二、西餐在广东的传播

西餐是近代中国人对西方(主要是欧美)各国菜点的统称,广义上讲,也可以说是对西方餐饮食俗文化的统称。随着新航路的开辟、工业革命的进行与资本主义的殖民扩张,西餐作为西方文化的重要组成部分,逐渐在全球推广开来。西餐真正在中国传播,应该始于作为鸦片战争之前中西往来的唯一通道的广州。不过随着鸦片战争失利,上海被迫开埠,之后发展迅猛,很快就取代广州成为全国中西贸易的中心,中国西式餐饮业的重心也随之移至上海。

所谓西餐,清人徐珂《清稗类钞》中载"国人食西式之饭,曰西餐,一曰大餐,一曰番菜,一曰大菜,席具刀、叉、瓢三事,不设箸。光绪朝,都会商埠已有之。至宣统时,尤为盛行"。其实西餐在广州出现的时间比徐珂所说的要早得多。西餐是随着广州的开放而逐步引入的。中国人比较正式地接触西餐,应该是在乾隆末年(1793)英使马戛尔尼访华期间。与马戛尔尼使团谈判的军官王文雄(时任通州协副将)和文官乔人杰(时任天津道员)在英船"狮子号"上与马戛尔尼一起用西餐。马氏回忆说,"吾人所用刀叉,两大人初觉用之不习,然未几即能随意叉切。船中原备之肴馔,初无珍品,即由庖丁自两大人见赠各品中,择其珍贵者烹调以进。酒则悉系西品,因东西口味不同,尽出所藏种种名酒于案,听两大人自择。两大人乃一一遍尝之,凡葡萄酒、杜松子酒、烧酒、啤酒、糖水酒、椰子酒、舍利别酒、白兰地酒等,莫不各饮少许。而以白兰地酒最当其意,故所饮较多。两大人告别时，亦学西礼，与余握手"①。西餐的引入应该与中西贸易的发展和中外商业的兴盛有直接的联系。乾隆二十二年（1757），清朝下令锁国，仅保留广州一地作为对外通商港口，不得在中国其他地方经商。作为鸦片战争之前中西往来的唯一孔道，广州自然洋商云集。随着中西进出口贸易的迅速发展，西方各国来华的商人和海员等日益增多，他们初到中国自然不习惯中餐食俗，为了让他们在中国也能享用西餐，西餐馆首先出现于广州便顺理成章，因此广州成为近代西餐入华的最早入口，晚清广州的西餐馆主要集中于万商云集的东堤大沙头和沙基谷埠。② 那些每天与洋人打交道、做生意的广州官员、商人们，自然不会对西餐陌生，甚至可能经常会和洋人在西餐馆里谈判。道光四年（1824），昆明赵文恪在其年谱中谈及游粤时"登夷馆楼阁设席大餐"③，可见在19世纪初的广州官场已有去西餐馆吃西餐的风尚了。对外贸易的繁荣和外国商品的输入，推动了广州社会经济的全面发展，对百姓生活的影响也日益加剧。清末民初，西餐成为广州人追捧的时尚之一，时人邹轩嗣有《竹枝词》云："东亚筵开胜大东，佛兰地白樱桃红。五洲一室成佳话，纽约伦敦一壁通。"④ 到晚清时，很多著名酒楼改成中西餐结合或专营西餐，以适应消费需求。清末，西餐成为广州的饮食时尚，如岭南酒楼烹调各式西菜，美味无双，并巧制西饼。当时澳门和香港的一些西餐酒楼也在广州打广告，如澳门日照酒楼在《广东白话报》上刊登"大小西餐，脍炙人口，中西人士，均赞不谬"⑤。

然而，鸦片战争对广州经济的打击非常大。鸦片战争后被英国割占的香港，以及被迫开放的上海等通商口岸城市陆续出现了西餐馆，上海被迫开埠后发展非常迅猛，很快就成为全国中西贸易中心而取代了广州，中国西式餐饮业的重心也随之移至上海，之后西餐在全国各地扩散开来。随着消费崇洋之风从通商城市兴起，逐渐在全国其他城市蔓延开来，西餐馆也逐渐延伸到内地广大地区。

---

① ［英］马戛尔尼《乾隆英使觐见记》，刘半农译，百花文艺出版社2010年版，第19页。
② 参见邹振环《西餐引入与近代上海城市文化空间的开拓》，《史林》2007年第4期。
③ 铢庵《人物风俗制度丛谈》，上海书店1988年版，第151－152页。
④ ［清］马溪吟香阁辑《正续羊城竹枝词》，广州科学书局1921年版，第4页。
⑤ 澳门日照楼广告，《广东白话报》1907年第2辑。

三、近代国人对西方饮食文化的态度

西餐初到中国，由于其在烹饪方法和饮食习惯等方面与中国传统饮食文化差异巨大，能够欣赏西餐的人寥寥无几，甚至可以说是受到普遍的抵触，从40多岁的王韬说西餐"尤难下箸"①，到年仅18岁的张德彝抱怨西餐"食难下咽"②，19世纪中叶前后能够接触到西方文化的人，几乎无一对西餐持赞赏的态度，可见一个民族几千年以来形成的特定饮食习惯是很难改变的，或者说对饮食习惯的变化是很难适应的。然而随着进入中国的外国人数量的日益增多，随着中国官员和商人因外交和商务需求同外国人打交道的机会的日益增多，西餐成为他们不得不尝试，乃至经常接触的东西。中国人对西方文化的那种传统的华夷之见与排斥心理也发生了根本性的转变。

西餐在民间的传播，商人这一群体起到了重要作用。商人群体在晚清这个转型时期乘时而动，迅速发展，部分人逐步和士绅阶层、管理阶层结合，形成影响颇大的绅商，甚至是官商，对晚清政局起到了相当重要的作用。对于商人群体来说，逐利和趋新是其典型特征。趋新的风尚，使得鸦片战争之后的商人群体，尤其是率先通商开埠的上海以买办商人为首的商人群体，生活方式最早开始"洋化"。早在19世纪中期，这些买办商人中的一部分就已经开始住洋房、吃西餐、起洋名，甚至在子女教育、宗教信仰等方面都开始"洋化"了。对买办来说，一方面，西餐作为一种全新的饮食方式，即使开始时不习惯，但是出入于中西之间与洋商接触密切，吃西餐的频率也随之增多。起初作为一种尝鲜或者时尚，后来买办便经常携妻挈眷光临西餐馆。另一方面，由于当时西餐消费价格不菲，因此吃西餐也是上流社会的时髦和需要，被视作阔绰和排场的体现。请吃西餐已成为买办、商人与洋人、客商交往应酬的手段，有些人家还雇有西餐厨师，一些买办的住宅中干脆就设有西式餐厅。③ 吃西餐和上咖啡馆，对于享用者来说具有文化符号消费的特点及阶级区隔的作用。应该说，西餐消费的出现，便是这一时期社会上炫耀式消费风气的一个缩影。19世纪90年代《申报》这样记述这股消费的奢靡之风："风俗之靡不自今日始矣，服色之奢亦不自今日始矣。溯当立约互市之

---

① [清]王韬《弢园尺牍》卷六《寄杨醒逋》，光绪六年铅印本，第11页。
② 郑曦原《帝国的回忆——〈纽约时报〉晚清观察记》，生活·读书·新知三联书店2001年版，第296页。
③ 参见严昌洪《中国近代社会风俗史》，浙江人民出版社1992年版，第267页。

初，滨海大埠，富商巨贾与西商懋迁有无，动致奇赢。财力既裕，遂于起居服食诸事斗异矜奇，视黄金如粪土，见者以为观美，群起效之……其始通商大埠有此风气，继而沿及内地各处……今风俗之侈靡日甚一日，较之三十年前已有霄壤之别"①。在商品经济发展和社会生态变动的背景下，人们的社会交往更多地遵循商业规律，以钱衡人，注重外在炫富的包装。而一些快速经商致富的人，则希望以金钱的力量冲破传统等级身份的束缚，从以往崇尚身份等级的社会价值观念，趋向于崇尚金钱及金钱代表能力的社会价值观，因此人们竞相以炫耀金钱来显示自己的能力及社会价值。新潮大少、名流遗老等都对西餐趋之若鹜。而对于市民群体来讲，趋时跟风是他们受社会风尚影响的主要形式。西风东渐，在崇洋心理的驱使之下，在城市中西方的生活方式逐渐成为时髦。民国初年，吃西餐几乎成为一种时尚。1912年，《晨报》副刊在北京进行了一次有关西餐的民意测验，回答爱吃中餐的人有1 907人，占被测者总人数的77%，回答爱吃西餐或"中餐西式""西式中餐""兼食中西食"者加起来有570人，占总数的23%，②将近1/4。很多人其实对西餐并不习惯和适应，在心底里并不真正认为西餐好吃，但是由于人们的"崇洋"心理和"尝鲜"心理，不少人明明吃不惯西餐却仍对其感兴趣，主要还是因为吃西餐在当时是一种时髦。

四、西餐的"中国化"

近代西餐的舶来，极大地丰富了中国人的饮食文化，品尝了西餐后的中国人也开始思考中西饮食和饮食习惯的差异，毕竟千百年以来中国人的传统饮食口味与西方人有很大差异。西餐进入中国后想要立足，必然需要进行一番中国化的改造。经过一番"中国化"改造的西式菜肴，渐渐出现了具有各种中国地方特色的西菜，如广东大菜、宁波大菜、上海大菜等。

法国人老尼克在游记里曾经描述了鸦片战争前夕，自己在广州十三行享受奢华的西式晚宴之情景："首先是两道或三道浓汤，喝马德拉葡萄酒、雪利酒和波尔多红葡萄酒，每瓶酒都用湿棉布裹着，以保持清爽口感。然后是一盘鱼，通常吃这道菜只喝啤酒。接着，就是这个时候，才开始真正的晚餐：烤牛肉、烤羊肉、烤鸡和必不可少的牛峰肉、火腿。有时，为了换换口

---

① 《申报》，1894年3月16日。
② 《晨报》副刊，1912年8月9日。

味,会有一块来自欧洲的昂贵的肥鹤肝或小山鸨肉。和这道菜搭配的酒是波尔多红葡萄酒和索泰尔纳酒。所有这些菜撤掉后,开始餐中甜食和烧野味……啤酒没有间断过,一直到穿着白衣服、蓝鞋子,辫子系着红发带的仆人们端上餐后甜点。"[1] 有学者推断,老尼克所享之晚宴菜肴都是西式的,而厨师却是清一色的中国(广东)人。[2] 换句话说,早在那时就已经有不少厨师掌握了西餐的烹饪方法。还有一些在商馆工作的华仆在给外国人服务的过程中学会了做各式西餐,为主人准备可口食物是他们工作的重要内容。"9点左右,他们便吃早餐,早餐包括炸鱼或炸肉排、冷烤肉、水煮鸡蛋、茶、面包和牛油。……正餐包括龟汤、咖喱、烤肉、烩肉丁和酥皮糕点。除了咖喱之外,所有菜都是英式做法——虽然厨子都是华人。"[3] 这些脑子灵活、思想开放的厨师,吸取西菜的长处,创造出了许多亦中亦西、中西兼具的菜式品种,例如每星期美点,许多原料及制作方法,都参照或采用西餐。[4] 广东厨师还把传统粤菜食味讲究清、鲜、嫩、爽、滑、香和煎、炸、泡、浸、炒、炖等烹饪方法,与英国菜系的烹饪方法结合起来,这在福州的广东菜馆里非常出名,如福州的"广复楼""广资楼",以及"广裕""广宜""广升"等。[5] 在其他一些城市中,情况也类似。对西餐进行有意识的本土化处理,与西化中的两条路径——"全盘西化"与"中西调适"成效不同。值得一提的是,一本刊行于1897年的《华英食谱》,单从书名上就可以看出此书为"中西结合"之作,书中列有洋食条目如下:"烤牛排、烤羊排、煮鱼、煮肉;烩羊肉、烘小鸟、做馒头;鸡羹、茶、煎白萝卜、烩山芋、烘葱头、切细的卷心菜"。其省略了在中餐程序中并非必备的甜食,更不包括不合中国人脾胃的调味汁与洋酒。把保留的品种重新归纳为:

主食:馒头;

肴类:烤牛排、烤羊排、煮鱼、煮肉、烩羊肉、烘小鸟;

菜类:煎白萝卜、烩山芋、烘葱头、切细的卷心菜(一种沙拉);

汤类:鸡羹;

饮料:茶。

---

[1] [法]老尼克《开放的中华——一个番鬼在大清国》,钱林森、蔡宏宁译,山东画报出版社2004年版,第20页。

[2] 苏生文、赵爽《西风东渐——衣食住行的近代变迁》,中华书局2010年版,第107页。

[3] 程美宝、刘志伟《18、19世纪广州洋人家庭里的中国佣人》,《史林》2004年第4期,第6页。

[4] 参见李少兵《民国时期的西式风俗文化》,北京师范大学出版社1994年版,第6页。

[5] 参见邹振环《西餐引入与近代上海城市文化空间的开拓》,《史林》2007年第4期。

这一套菜单，可以说是经过中国人眼光改造的"西餐中吃"。它既保留了西餐中的"精华"，也让国人在尝新的同时，不必过于委屈自己的肠胃。从清末民初刊登在报刊上的餐饮广告中可以看出，来自广东有西餐制作经验的"番厨"颇受全国各地有意革新的中餐经营者的青睐，这些中餐馆或番菜馆"引进"或"创新"的菜肴，很多都难以分辨究竟是西式还是中（粤）式的了，二者已经融为一体。作为中西饮食文化接触与交流的前沿，广州极成功地体现了中华饮食文化巨大的包容性。适应时代文化走向的大势与区域餐饮市场的需求，广州面对西方饮食文化表现出了充分的积极姿态，顺应时势，扬长避短，优化组合，努力发挥中国传统烹调的长处，以其特殊的创造力，使广州这座中国美食天地，绽放"各国番菜"之花。这些由中国人经营、中国人主厨的"番菜馆"，其食客自然也主要是中国人，符合想尝鲜又吃不惯正宗西餐的中国人的胃口。这些所谓的"番菜"的烹饪技法也基本是"中国式"的，强调"制法透味"①，等于"中菜西吃"。

　　19世纪中后期西餐成为酒楼的菜色品种，在上流社会开始流行。西餐是与高雅文明以及流行时尚相联系的一种生活方式，而日常中餐事实上却是人们日常生活不可或缺的一部分。西餐的消费仍然具有形式大于内容的象征性作用，因为中国人长期的饮食习惯和口味使其对于真正的西餐吃到后来还是不习惯，这一点直至现在仍然没有改变。所以在西餐馆掌勺的中国厨师便多方尝试在西餐中加入中国式口味。在这些西菜、西餐馆"中国化"的同时，不少中国菜馆、茶楼也开始"西洋化"。如1926年虬江路上新雅茶室开业，布置参照西式，清茶以外，兼营咖啡、可可、汽水等饮料，还出售西点和广东点心。不仅广东人，很多时髦男女也纷纷前来光顾，视这些地方为谈情说爱的理想场所。有些茶馆还邀请几位歌星演唱流行的曲目，由西洋小乐队伴奏，茶客还可随曲起舞。②

五、其他西方饮食的传入

（一）葡萄酒的传入

　　鸦片战争后，来华的西方人数量剧增。最初传入中国的洋酒可能是葡萄

---

①　"一言亭番菜"广告，《申报》，1912年8月7日。
②　参见郑士有《冲突、并存、交融：上海民俗的产生及其特点》，见《中国民间文化》（第4集），学林出版社1991年版，第11—12页。

酒。赵荣光先生在其《中国饮食文化概论》中指出，早在汉武帝时期张骞（约前164—前114）出使西域将欧亚种葡萄引入内地，并招来酿酒艺人，中国便开始有了按西方制法酿造的葡萄酒。葡萄酒在中国的地位与普及程度远远不及传统的黄酒和白酒等，但自清代中期英国马戛尔尼访华开始，尤其是在鸦片战争后，中国人在与洋人的交际中，常以洋酒相互款待。郭嵩焘也在日记中谈到品尝西洋葡萄酒的感觉，赞其"酒味甘醇""内地无与匹也"①。近代中外早期贸易中，葡萄酒仍然是重要商品之一，如法国的葡萄酒直到20世纪20至30年代初，仍是智利运华的大宗商品。② 张裕公司的产品当中，（可雅）白兰地、红玫瑰葡萄酒、琼药装（味美思）和雷司令白葡萄酒于1915年在美国旧金山举办的巴拿马太平洋万国博览会上，获金质奖章和最优等奖状。张裕公司将金牌奖章缩印在其白兰地商标上，创出金奖白兰地名牌，连平日惯饮洋酒的洋人都赞不绝口，更为华人所喜爱。消费者认为金奖白兰地不仅好喝，而且还有除寒提神、解除疲劳、帮助消化，以及防治伤风霍乱等疾病的功效。而张裕公司的味美思，吸收了法国和意大利味美思之长，配以我国独有的名贵中草药，制成有中国特色的味美思，具有开胃健脾、帮助消化、滋补身体等功效。而玫瑰红葡萄酒更是张裕公司的传统名牌产品，酒香浓郁，酒味甘甜，清亮爽口，余味绵长，属于中国人喜欢的甜型葡萄酒。孙中山先生畅饮此酒后，还欣然题赠"品重醴泉"的奖匾。

（二）洋啤酒的传入

啤酒也是随着西方食俗引入后发展起来的一大饮料品种，这种含酒精浓度很低，且含有大量维生素、蛋白质、矿物质和一定量碳水化合物的饮料，使人喝了顿感舒适，深得中国人喜爱。《清稗类钞》中有这样的记述："麦酒者，以大麦为主要原料。酿制之酒，又名啤酒，亦称皮酒。贮藏时，尚稍稍发酵，生碳酸气，故开瓶时小泡突出。饮后，有止胃中食物腐败之效，与他不同……蒋观云大令智由在沪，每入酒楼，辄饮之。"③ 当时，啤酒的消费者主要是在华洋人及部分已经习惯啤酒的中国人，其市场不算大，但也较为客观。在这种情况下，一些外商又相继在全国各地建立啤酒厂。

---

① 〔清〕郭嵩焘《郭嵩焘日记》（第一册），湖南人民出版社1981年版，第32页。
② 参见沙丁等《中国和拉丁美洲关系简史》，河南人民出版社1986年版，第258页。
③ 徐珂《清稗类钞》第十三册"葡萄酒"条，中华书局1986年版，第6325－6326页。

（三）西式糖果、糕点、汽水等的传入

除了酒类，传入中国并如潮流行的还有西式糖果和糕点、冰淇淋、汽水、咖啡及冷饮等。各种制作精细、造型美观、味道佳美、营养丰富的西式糕点糖果，如白脱水果蛋糕、奶油泡芙、杏仁饼干、胡桃片、巧克力、太妃糖等，红遍大江南北，受到国人的广泛欢迎，成为大城市里亲朋好友之间馈赠礼物的首选。冰棒、雪糕、汽水也极受欢迎。《清稗类钞》记述："荷兰水，即汽水，以碳酸气及酒石酸或枸橼酸加糖及他种果汁制成者，如柠檬水之类皆是。吾国初称西洋货品多曰荷兰，故沿称荷兰水，实非荷兰人所创，亦非产于荷兰也。今国人能自制之，且有设肆专售以供过客之取饮者，入夏而有，初秋犹然。"① 在1887年的广州商务报告中讲到，广州店铺的洋货食品大为增加，"在大街上可以看到许多商店出售外国食品，全是为供给中国人消费的。洋酒，特别是香槟酒，同糖食、饼干、沙拉油和罐头牛乳，一起陈列在货架上"。② 可见，当时进入广州的西式食品的品种是很多的，饮食内容极为丰富。广州居民的饮食中，西方商品已经占据了很大的市场。

非常值得一提的是牛奶。在西方饮食中，牛奶以及和牛奶有关的黄油、奶酪等是日常饮食中必不可少的组成部分；而农耕地区的中国人从前并没有喝牛奶的习惯。历史上的中国人的确并非不喝牛奶，然而，近代之前喝牛奶并不普及，牛奶也鲜在百姓的餐桌上出现，因此在农耕地区的中国基本上没有专门饲养的奶牛。而国门被西方列强的坚船利炮逐步轰开后，虽然牛奶也可以通过罐装从欧洲运来，但毕竟不如新鲜牛奶。于是，在外国人集中的地方，奶牛场应运而生。随着开放的深入，牛奶逐渐登上人们的餐桌，喝奶之风逐渐流行开来。到了20世纪二三十年代，中国城市乳业特别是民族乳业得到了较快发展，当时就曾有人指出，"近年来大家都知道牛奶的营养价值很高，所以饮牛奶的人，一天多似一天"③ "牛乳中富于滋养，含维他命极多，不论长幼年老，饮之均极相宜，欧美人士，均视为生活上之必需品，近日国人饮用者，亦渐普遍"④ "近几年来我国欢喜喝鲜乳的人，一天多似一

---

① 徐珂编撰《清稗类钞》第十三册"荷兰水"条，中华书局1986年版，第6304页。
② 姚贤镐《中国近代对外贸易史资料》，中华书局1962年版，第1097—1098页。
③ 梦秋《饮牛奶的常识》，《卫生月刊》1936年第4期，第192—193页。
④ 沈震时《购买火腿及饮用牛乳常识》，《卫生月刊》1935年第8期，第488—489页。

天,所以专门生产'市乳'的牛乳场,亦相继而起"① "近几年来,广州市民对于卫生营养上,已颇为注意,尤其是牛奶这一样东西,视为无上之补品"②。

随着西方营养理念的渐入人心,人们开始注重食品消费的营养需求。如20世纪30年代国民党的宣传明确指出,民族的振兴取决于每位公民的强壮体魄,当时大量的广告也告诉人们要习惯使用牙膏或清洁剂,消费那些"既现代又科学"的食品,而人们普遍认为西式食品营养更佳。除了西式快餐外,面包种类繁多,如吐司面包,里面夹果酱、香肠。"面包,欧美人普通之食品也,有白黑两种……较之米饭,滋养料为富,黑者尤多。较之面饭,亦易于消化。国人亦能自制之。且有终年餐之而不粒食者,如张菊生、朱志侯是也"③。以"营养"作为广告宣传卖点的西式食品大受欢迎,对"营养食品"的消费渐成风气。如雀巢公司为其麦精粉大做广告:"此粉为唯一滋补饮料,用最优等牛奶和麦精制成,经五十年之研究始臻完善,故能强健身体且易消化也。"④ 其他如维生素、牛乳粉、鱼肝油等西式营养保健食品也广受欢迎。据1887年的广州商务报告记载:"炼乳的输入也有显著的增加,当地人觉得它对小孩子有用,并且时还把它当作果酱来吃。"炼乳类的营养食品受到喜爱,表明广州人生活水平的提高,人们已不是简单满足于对粮食的需求了。

西餐、西方日用食品纷纷涌入广州,是中西文化交流不断扩大的表现,西方饮食在广州的盛行反映了广州的时代特征,不仅丰富了人们的食品消费方式和内容,也反映了广州这座城市的商业特征。

六、西方文化对广东饮食的影响

(一)广东饮食中的西方元素

广州作为沿海口岸,最早承受了西洋物事的"东渐",广东最早承受了

---

① 吴信法《牛乳及其制品》,正中书局1937年版,第133页。作者解释道:"所谓'市乳'者,其意义即牛乳在液态时直接售于消费者饮用,与牛乳预备供制造干酪、牛酪、冰淇淋、浓缩乳以及乳粉者不同。但一般所谓市乳,仍包括直接出售于消费者家常食用的乳脂。"
② 林伟男《牛奶之营养价值及其鉴别与保藏法》,《广州卫生》1936年第2期,第47—50页。
③ 徐珂《清稗类钞》第十三册"面包"条,中华书局1986年版,第6413页。
④ 《大公报》,1929年6月15日。

欧风美雨的洗礼。广东饮食中所体现的西方元素，几乎普遍到如今没人会注意这些食物当初是来自西方。比如来自西方的农作物和饮食材料、香料等。如今最普遍的是冠以各种外国名字的西餐，如泰国料理、日本料理、韩国料理等，如今这些外国饮食已经遍布城市各个角落，在国人看来再普通不过了。

外国人开始在中国经营西餐馆是在鸦片战争之后，那时大多是服务于越来越多的侵略者和外籍侨民。但是由于生意的兴隆，本地商人也开始办起"番菜馆"，由此拉开了西餐正式在中国落脚的序幕。最初的西餐，多带有"中式西餐"的味道。西餐的传入，其实影响最大的是食材的丰富精致，以及西餐的礼仪和食物营养学。西餐多为牛排、各种海鱼海产、奶酪、肉冻、酱类（鹅肝酱、鱼子酱等）、沙拉、菜汤等组成。传入中国后，牛排又被延伸为猪排、鱼排、鸡排等。奶酪也开始在中国生产，各种酱的制作技艺也开始被传入，一些西餐元素在中国不仅为西餐服务，国人也把它们融合起来，放在中式餐饮中。改革开放后，洋快餐——麦当劳、肯德基也正式落户，在餐饮业中很快占据一席之地，现已成为中国快餐业的巨头，影响了中国的饮食结构。受其影响，中国的快餐业也发展起来，许多地方风味小吃也开始改革营业路线，大多融合了西式的快速方便，但是仍具有明显的中国特色，以中国菜为主。例如上海的荣华鸡、台湾的永和豆浆、新疆的拉面、山西的刀削面等，这些店在广州都能找到其足迹。

关于日韩料理，相对于欧美西餐是比较容易吸收贯通的，日本和中国因是邻国，所以有很多文化共同点。如日式料理的生鱼片比较闻名，但其实生鱼片起源于中国。日式料理主要为寿司、刺身、饭团、炸物和石烧，以注重食物原本的味道著名，这种精神对我国饮食起到了重要启发作用。日式料理的做法也极大地丰富了我国（广东）的饮食文化。韩国料理的制作方法和酱料方面，也在一定程度上影响了中国饮食。东南亚的其他国家例如印度、泰国的咖喱的传入又为广东增加了一种新香料。最后是酒品方面的传入，西方的啤酒、烈酒、葡萄酒，日本的清酒，韩国的烧酒，在广东也有自己的市场，这些酒的传入，极大地丰富了广东餐桌上的配酒种类，也使人们得到了更好的餐桌体验，是广东饮食文化形成中不可缺少的一环。

（二）西方文化对中餐的影响

鸦片战争以来国门洞开，在新思潮和西方文化影响下，前后的饮食发展变化对近代中国饮食的发展有重要意义。改革开放之后，特别是在20世纪

90年代之后，快餐已经稳健立足，并且在中国的大多数城市占有越来越大的市场份额。麦当劳、肯德基几近盘踞了中国重要城镇饮食市场。调查表明，麦当劳在中国的扩张速度曾达每17个小时开一家连锁店，这虽不能完全说明传统的中国饮食文化在现代社会就没有市场，也不意味着西方饮食文化已完全占领了中国饮食文化的制高点，但也在一定程度上说明了西方文化正影响着中国的饮食。

（1）饮食理念的改变。中西饮食思想在中西方餐饮进入对方的"地盘"后，不断地发生碰撞和融合，融合与互补，有利好也有弊端。现在的中餐已开始注重食物的营养性、健康性和烹饪的科学性，西餐也开始向中餐的色、香、味、意、形的境界发展。在广告媒体的冲击下，西方快餐连锁行业兴起，连作为素食者鼻祖的印度也迫不及待地跟随现代化的步伐，向速食肉食文化看齐。现在的年轻人易受西方传媒影响，认为喝啤酒、吃快餐和摄取充足的营养，才算跟得上潮流。可见，西方文化影响着中国的饮食理念。

（2）饮食搭配的改变。中餐食物忽略搭配，中国的饮食显得比较健康合理，多是高纤维素、低脂肪糖的食品。主张"食饮有节"、膳食全面而均衡。特别是主张以预防为主的思想，但没注意营养搭配的具体比例，一般没有科学地做具体的营养分析。西方饮食注重搭配，不管食物的色、香、味、形如何，营养一定要得到保证。西餐极重视各类营养成分的搭配组合，充分考虑人体对糖类、脂肪、蛋白质、维生素等各种营养和热量的需求来安排菜式或加工烹调。从营养学角度出发，立足于食物对人的健康，对于烹饪食物来说，营养性和美味性就是其出发点和目的地，从时间、空间、温度、湿度等细微处入手，烹饪出从物理、化学角度都营养美味的食物。

（3）营养理念的变化。西方文化对中餐营养方面的影响，不仅体现在具有微观具体、定量监测等特点的西方现代营养学进入中国，与传统的食治养生学说并存，为菜点的营养健康提供了充分的保证，且还体现在具体的日常饮食中。例如牛排是西方人所钟爱的食物之一，有的人认为把牛肉煮得熟透才可以吃，而在西方人看来，不完全熟透的牛排，才能尽显其美味和丰富的营养，他们注重的是尽量保持食物的原汁原味和天然营养。随着生活水平的提高，越来越多中餐厅也引进了不熟透牛排的做法，并且越来越受中国人的欢迎，甚至有人认为越西方化的食物越是注重生活质量的表现。

（4）饮食制作的影响。烹饪是一种艺术，中国饮食制作方法奇多：烧、余、溜、焖、酥爆、炒、砂锅、拔丝等，做法和菜肴让人眼花缭乱；还极重刀工、火候，菜的形状可以切得五花八门，各种蔬菜烹制的火候也不同。西方的烹饪方法简单很多，他们注重食物的营养，烹饪方法以煎、炒、蒸、冷拼为主，蔬菜通常切成大块大块的，生吃。受西方文化的影响，越来越多的国人喜欢追求西方文化所崇尚的简便。从电视剧、网络等媒介常常能看到国人制作沙拉和品尝沙拉的情景，也能随时在互联网上找到或者在专门的时尚烹饪版面找到教读者如何简便地做一道英国或者法国餐。这样的烹饪方式，崇尚材料简便，制作简便，携带简便，已经慢慢渗透到中国的餐饮文化当中，许多中国家庭主妇也学着如何简便地做一道沙拉，而不是挑选精制的面粉，和面擀面做一道煎饼。

（5）饮食习惯的改变。一方面体现在餐具上，中国家庭越来越多人用叉子吃面或者夹食物，不同的食用方式显然不是偶然现象，而是在不同文化引导下形成的。另一方面是餐桌礼仪的改变。比如跨文化交际学家爱德华·霍尔提出人类时间观念有两种文化模式，即"时间的单一性"和"时间的多样化"。在中国的西餐馆，往往也被营造了一种迟到不礼貌的气氛，迟到的人不再是理所当然无所谓，而是尴尬地面对西餐厅要求准时的气氛。虽然这是在西餐厅的习惯，但是却在中国国内慢慢地渗透，影响着年轻一代的生活，这也是西方文化对中国饮食文化的一种影响。

此外，西式的宴饮形式，如鸡尾酒会、冷餐酒会、西式茶会等，在社会上层特别是工商界、知识分子中盛行，成为流行的社交形式。而寿诞庆贺和订婚结婚等仪式，亦常与这种西方饮食文化相结合，摆蛋糕、吹蜡烛等习俗逐渐普及，或开始取代吃寿面、送寿桃等传统食俗，或两者并行不悖。而仆人迎门、侍役拉座、设摆台、置餐具、插牙签、放餐巾等西方饮食礼仪，也开始普见于广东各式餐馆饭店。

广东饮食文化发展至此，源远流长，繁荣昌盛，为我国传统文化做出了巨大贡献。饮食文化不仅是物质上的，也有精神层面的含义，从饮食文化的角度也可窥探广东的历史发展。但是其繁荣兴旺的背后，仍然有需要改进的地方，例如食品安全、饮食卫生，传统的丧失等，广东饮食文化发展任重道远。饮食文化作为生活方式的组成部分，其变迁的节律，合于经济之发展、社会之演进、文化之转型而与时俱进；如同滚滚东去的长江之水，是一个持续连贯的历史过程。事实上，西方文化对广东饮食的影响持续至今，在中西方饮食文化不断的碰撞、交汇、融合中，饮食文明前进的脚步从未停止过。在深层次的文明礼仪等方面，亦在西餐的潜移默化之下，发生着深刻剧变。广东的灿烂文化历来都具有海纳百川的雍容气度与吐故纳新的巨大生存能力，数千年历经无数冲击碰撞而不断整合发展，必能革旧更新、与时俱进。

在当今"一带一路"倡议背景下,饮食文化也是跨文化交际中的重要组成部分之一。了解中西方饮食文化中的差异和西方文化对中国饮食的影响,显得尤为重要。不仅能增加对其文化的理解,更能提高跨文化交际的成功率,避免因为不恰当的方式或行为造成误解和交际障碍。

第二节 岭南民居中的西方元素

在近代西方文化的影响下，私人住宅中也涌现了很多西方元素。私人住宅的变化主要体现在建筑的窗户、屏风、栏杆等构成要素的风格西方化和洋家私的大量使用上。最先在住宅中引进西式元素的是行商，行商因与西方人接触较多，有机会参观和了解他们的住宅和房屋布局，加之他们经济实力雄厚，常常会对住宅的修筑和完善不遗余力，使得住宅中融入西方元素成为可能。亨特在对行商潘仕成乡间别墅的记录中，大力赞扬了它的精美，"大门则用暹罗柚木做的……房屋的布局令人想起庞培（古罗马统帅）的房子，地板是大理石的，房子里也装饰着大理石的圆柱，或是镶嵌着珍珠母、金银和宝石的檀木圆柱。极高大的镜子、名贵的木料做的家具漆着日本的油漆，天鹅绒或丝质的地毯装点着一个个房间"[1]。洋家私在清朝时的广州也有了一定的市场，到清末，家居中的西方元素更加明显。在19世纪80年代广州的百姓日常所用的器物中，外国产品的使用比北方人民更加广泛，椅子、火油灯等到处可见，士人住家的窗户也模仿外国样式。[2] 这些变化形成了近代岭南尤其是广州独具风情特色的城市建筑文化景观。

一、澳门民居中的西方元素

要说岭南最有特色的是中西方风格的建筑文化，当数号称世界著名建筑博物馆的澳门。说起澳门文化，人们总是习惯说："华洋杂处""中西合璧"。毋庸置疑，澳门文化是比较复杂和特殊，其内涵中既有深厚的中国传统文化基础，又有以近代西欧文化为主体的西方文化的渗入；既有中国地域文化之一的岭南文化的鲜明特征，又有以葡萄牙文化为主流的南欧文化的不少印记。这种特殊性，表现在澳门文化的各个方面，各个层次。具体来说，主要表现在宗教文化、语言文化、建筑文化、传播文化、商业文化及本土文

---

[1] [美]亨特《旧中国杂记》，沈正邦译，章文钦校，广东人民出版社2000年版。
[2] 孙燕京《晚清社会风尚研究》，中国人民大学出版社2002年版，第167页。

艺等方面，甚至在人种上也出现了一个特殊的群体——"土生葡人"。在时间上，中西文化在澳门从相遇接触到交融合璧，已经经历了四个半世纪。作为两种异质文化，在相互接触和交流的漫长历史过程中，不可避免地会发生碰撞、抵触、冲突、排斥，最后在相互理解中彼此尊重，在矛盾斗争中求同存异，共同发展，最后形成一种新的文化形态。澳门从16世纪中叶起就成为海上丝绸之路的重要驿站，远东最早的传教中心，东西方文化双向交流的最早基地。季羡林先生曾说："在中国五千多年的历史上，文化交流有过几次高潮，最后一次也是最重要的一次，是西方文化的传入。这一次传入的起点，是明末清初；从地域上来说，就是澳门。"

澳门的建筑文化，堪称中国也是远东地区城市中最富有特色的。东西方各种不同风格的建筑物在澳门琳琅满目，交相辉映。这些建筑是澳门从一个小渔村到大都市的发展历史中逐渐积累、沉淀起来的。在中、葡混合统治的前300年间（16世纪中叶到19世纪中叶），澳门建筑基本上是中西独立发展，原有的中式建筑和外来的西式或欧式建筑，是分别建造的，满足华人和葡人各自的需要。开埠之初，葡人建造了一批欧式住宅和教堂。到17世纪，葡人在澳门建造了城堡形碉楼与数座两层楼房相连的中世纪欧式庄园建筑。一直到19世纪后期，澳门结束混合管治之后，才出现了中西不同建筑风格开始交融的现象。如今，我们既可以看到风格迥异的中西各式建筑杂然共存，又可发现中西风格浑然一体的建筑。如浪漫主义风格的仁伯爵医院和折衷主义风格的关闸拱门建筑，等等。中西交融浑然一体的建筑，除了早期的西式建筑装饰中点缀象征性的中式符号或图案和后来的少数名门私宅如郑家大屋等部分采用欧式装饰外，最典型的恐怕就是"洋观音"了。观音菩萨在中国妇孺皆知、家喻户晓，无论是南海观音、送子观音、滴水观音还是千手观音，她都是

立于澳门新口岸的"洋观音"

大同小异、千篇一律的慈眉善目、救苦救难形象，是人们心目中崇敬的偶像。而澳门的"洋观音"则大不相同，脸部瘦长，容貌清秀，鼻梁高挺，侧头弯腰，身材修长，巾袍飘然，踏海而来，宛若一位中西混血的少妇，少了一些传统观音菩萨像的平静祥和的典型特征和世俗化的现实主义风格，多了一分动态感和神圣色彩，可以说既保留了中国佛教传统造型的观音菩萨的"本具"元素，又赋予了西方圣母玛丽亚的神情"异味"，堪称中西文化交流在宗教造像上的经典之作。

二、广州民居风格的西方化

清朝时广州最先出现的一批西式建筑是来华商人居住的商馆，随着对西方人了解的增多，有西式建筑因素的住宅也日益增多。如盛行于清代后期的西关大屋，是名门望族、殷实之户在广州"西关角"一带兴建的富有岭南特色的民居，其在配置上融合了一些西方元素，如窗内中心一片多配彩色玻璃，以蓝、红、绿色居多并在玻璃上刻有山水字画、花鸟人物。当时还有很多士人家里用玻璃窗。① 晚清广州陈家祠受西方建筑影响，采用了铁铸饰件，在后进的连廊共有三十二根铁铸廊柱，铸工精湛，使连廊显得轻巧通透。② 此外，广东有很多侨乡，不少华侨回乡建屋，所建民居也有侨居国的建筑特点，如孙中山故居。近代广州住宅呈现出中西结合的风格，在装饰方面，不拘一格，套色玻璃、卷铁窗花、瓶式栏杆、拱形门窗、几何水池等在私人住宅中各就其位。清朝广州建筑受西方文化影响也主要表现在这些构成要素上，住宅的结构与整体布局仍多为传统模式。

（一）十三行的西式建筑

在广州，存在许多当年海上丝绸之路遗留下来的西式风格建筑，颇有韵味。当随便打开一张清朝时的广州城区图，会发现城里的道路交错纵横，唯有西关一带几乎是白茫茫的一片空地；但如果再找来一张近代绘制的广州街道详图，却会惊讶地发现荔湾行政区的街道比其他任何区的街道都要密集，这里就是当年盛极一时的被描绘成"金山银海"的十三行，也就是诞生当时的世界首富之地。在近代，提起十三行，无人不知其辉煌。

---

① 曹志教《广州西关大屋建筑特色》，《南方建筑》2002年第3期，第43页。
② 黄启臣《广东海上丝绸之路史》，广东经济出版社2003年版，第621页。

十三行街区建有的"十三夷馆",建筑以三层小洋楼为主,多具西方建筑风格。商馆一般分为三层,底层堆放杂物,二楼为客厅、饭厅,三楼为卧室。屋顶大部分为金字屋顶,但亦有作平天台的,如荷兰馆。室内装饰也是西方风情,如英国商馆宴会厅左有图书馆,右有弹子房,天花板吊着一巨族蜡烛台。[1] 该馆为接待外国商人,提供外商住宿、办理商务和堆放货物之用。

虽然十三行的西式建筑早已不复存在,但作为那一历史时期的产物,西方建筑文化传播到了广州,并在那之后产生深远的影响。描绘十三行建筑景观的画作与相关资料显示了十三行西方建筑的特征:坡屋顶、柱式与柱廊、山花立面与造型等。有些画作还清晰地描绘了十三行外廊式建筑的细部特征,如采用"帕拉第奥母题"柱式构图的建筑细部。面向珠江而建的外国商馆基本设置朝向江面的券柱式外廊,券柱式建筑是意大利文艺复兴建筑的主要形式。十三行外国商馆的券柱式外廊虽然使用的柱式形式不一,但在建筑立面与造型上外廊式风格特征明显,属于典型的外廊式建筑。外廊式建筑在近代中国的沿海城市出现较多,但在此之前它已登陆广州十三行。十三行外国商馆的建设主要是在18世纪上半叶,此时欧洲建筑刚刚经历了文艺复兴建筑与古典主义建筑占主流的时期,十三行西方风格建筑的立面特征与同时代的欧洲建筑关系紧密。

(二) 沙面租界及西洋古建筑群

当步入广州,或从西堤乘船参加"广州夜游"之时,人们会很惊奇地发现,在喧哗闹市中居然会有一方净土,幽静的浓浓绿荫下,耸立着一幢幢具有西洋古建筑风情的洋楼,这就是全国重点文物保护单位,素有"广州第九景"美誉的沙面西洋古建筑群。沙面原是一片沙洲,是古珠江江心岛中流沙的一部分,南临白鹅潭,北面与沙基相连,是渔民聚居之地。明代在此设华节亭,管理外商货物进出,从宋代开始到清代,这里曾是对外通商的要津和十三行的仓库。清代中叶在此建西固炮台,拱卫广州城池,鸦片战争时期曾经是城防要地。1856年10月,英、法发动第二次鸦片战争;12月14日夜,中国民众纵火焚毁广州十三行外国商馆。1857年12月,英、法联军攻占广州城。第二次鸦片战争后,英法两国以"十三行被毁,须恢复商馆洋行"为借口,于咸丰九年(1859)胁迫清政府把沙面划为租界,又在其北面挖掘人

---

[1] 曾昭璇等《广州十三行商馆区的历史地理——我国租界的萌芽》,《岭南文史》1999年第1期,第34-35页。

1889年，在沙面法租界建成的露德圣母堂

工河（今沙基涌），划洲成岛，并在1861年迫使两广总督签订租约，自此沙面成为英法租界。沙面成为我国最早的"租界"之一，又是我国唯一的"租界岛"。直至1946年，沙面才被中国政府正式收回。

历经百年,沙面租界曾经共有英、美、法、德、日、意、瑞士、芬兰、挪威、丹麦、荷兰、葡萄牙等十二国在此设立领事馆,九家外国银行、四十多家洋行在沙面经营,粤海关会所、广州俱乐部等在沙面成立。还兴建了一批教堂、洋行、邮局、电报局、商行、医院、酒店和住宅,当时的住户多是各国领事馆、银行、洋行的职员,以及外籍的税务官和传教士。沙面见证了广州近代史的变迁,留下了孙中山先生、周恩来总理等伟人的足迹,亲历了许多重大历史事件,成为我国近代史与租界史的缩影。

沙面现存文物建筑近百座,集中反映了西方建筑技术与艺术,同时对岭南文化兼容并蓄,具有相当的研究价值。沙面建筑物的主要形式有新古典式、新巴洛克式、券廊式和各欧式建筑,共150多栋,还有古树名木158株。在《关于公布保护广州市古树名木的通知》公布的广州市首批受到保护的209株百年以上树龄的古树名木中,沙面岛有102株。1996年11月,沙面建筑群被国务院公布为全国重点文物保护单位。2010年,沙面开展了环境

坐落在沙面的白天鹅宾馆——中国第一家五星级宾馆

综合整治工程，遵循文物维护法则，恢复特有的风貌，展现在人们眼前。沙面现在建有白天鹅宾馆、胜利宾馆、沙面公园、沙面网球场、游泳场等现代建筑，是广州市第一批公布的历史文化保护区。沙面，不仅是广州的沙面，更是中国的沙面，世界的沙面。

（三）广州西关大屋

西关大屋是指所有在西关一带建造的大型西关民居。广州多宝路、龙津西路、逢源北街一带，有不少西关的西式洋楼，房屋仍保留趟栊门等西关大屋元素，但整体以西式元素为主。房屋高度已超过传统西关大屋的两层楼高，建筑材料除青砖外，有红砖、钢筋混凝土梁板，还常见有西式石柱。广

广州西关大屋——古老广州民居建筑的代表作

州鸿昌大街 22 号西关大屋是现在广州仅存的一间结构保存完整的西关大屋，由木雕、灰塑、铁柱、彩色玻璃窗等组成，带有浓厚的中西结合艺术特色。龙津西路 55 号的"西关大宅"，其石柱、石墩上有竹节纹路，属于中式，柱身和柱头又是西式的，墙体正立面用青砖砌筑，而建筑的后半部分又是红砖砌成，它的屋顶也是西式的。西关大屋的各路之间，用横门相通。横门上往往有横匾或砖雕之类的装饰，也有些是做成半圆形带蝴蝶图案窗棂的彩色玻璃窗，俗称"蝴蝶窗"，窗顶有半圆弧形的灰塑模线，很明显是受了西洋的影响。中西结合匠心独运，一室一景皆有情有味，一砖一木都显示出用情、用心至深。受西方文化的影响，建筑中可见明显的西方元素，买办资本家陈廉伯故居和抗日名将蒋光鼐故居也都属于这类西关大屋。

西关大屋内部的中西合璧布局

西关大屋的彩色蝴蝶窗装饰

陈廉伯故居位于广州市荔湾区西关逢源路沙地一巷36号,楼高五层,有法式的半地下室。首层正门入口两侧各设一壁灯。外墙水刷石米,巴洛克风格装饰,有丰富的线脚。地面铺大理石砖,柚木门窗,做工精细。楼南侧设旋转梯直上二至六楼,原有木扶手,铸铁楼梯栏杆。顶层为四檐滴水的中式大屋瓦面装饰,呈现出中西结合的建筑特色。

位于东莞市虎门镇南栅村三蒋自然村的蒋光鼐故居是一座造型典雅的西洋别墅式园林建筑,故园前面的一幢小洋房叫"红荔山房"。位于广州龙津西路逢源北街87号的蒋光鼐故居为三层砖木结构建筑,建筑风格兼具西关大屋及西式楼房的形式,是近代典型的岭南大宅民居。

此外,在广州还有许多有西方文化元素的建筑,比如聚龙村房屋建筑,甚至一些无名建筑也包含着西方元素。位于广州荔湾区的聚龙村房屋建筑,其格局与西关大屋很相似。由于广州和珠三角地区交流频繁,聚龙村民居受西关大屋影响颇深,由它演变而来。此外,聚龙村兴建之时正是我国传统建筑受西方影响并开始发生改变的时期,聚龙村的主人又是一群华侨,在西关大屋的基础上,他们融入不少西方建筑元素,如国外多层建筑的一些理念,形成别具一格的建筑特色。

聚龙村房屋建筑中的西式阳台

位于广州芳村的一所1922年的工厂厂房也具有明显的西方建筑元素

另外，商业建筑骑楼，在清末民初由澳门引进广州，有明显的西方元素，其以建筑宽广廊道为主，相连成骑楼式街道景观。骑楼一般首层为商店，二层以上做住宅，住宅前部突出于商店，跨越人行道上部，是一种典型的城市商住模式。这既便于面对顾客，也可以遮阳避雨，故很快得到推广。由于骑楼立面多采用标志着商业现代化的西方建筑风格，因此骑楼有洋式店面之称。这些都是广州本土的建筑与西式建筑的结合。

古代外来建筑文化在岭南的传播是在特定的历史条件下产生的，受限于一定的区域，主要在澳门与广州十三行，并不具备广泛传播的条件。出现在岭南的西方风格的建筑自成体系，无论是建筑观念还是建筑形式等，并未对传统中国建筑产生根本的影响，然而古代外来建筑文化在岭南的传播极大地丰富了岭南建筑文化景观。近代受西方文化影响，在侨乡出现了有异国风格的碉楼，在城市出现别墅式居宅，在商业繁华的城镇街道两旁出现骑楼，均是开南国建筑风气之先。

三、宗教信仰中的西方元素

（一）外来文化使岭南宗教信仰多元化

岭南是外来宗教传入中国的主要登陆地，宗教的传播是早期文化交流的重要组成部分。庞杂多样的宗教信仰，是岭南文化的深层表达。就其外在表现形式而言，岭南地区各民族群体的宗教信仰复杂而多元，有佛教、伊斯兰教、天主教、基督教及本地的道教等，它们彼此之间存在着较大差异，但又都与当地族群历史和现实的生存境况关系密切。

（1）佛教的传入。早在东汉年间，中国佛教史上第一个佛经翻译家安世高便由海路抵达番禺，如今立于广州上九路的"西来古岸"小石碑，便是佛教从海路传入中国的纪念碑。南北朝时期，印度达摩禅师远渡重洋，经过三年的漫长航行后抵达广州，在绣衣坊码头登陆，首先在绣衣坊附近搭建"西来庵"居住并传播佛教。今天，下九路附近的西来正街、西来西街、西来东街等街巷名称均与"西来庵"有关。清代，"西来庵"更名为华林寺，至今香火旺盛。

在广州市内的多处遗迹中发现的大量与佛教有关的建筑材料及其他佛法遗物，最多的当属莲花图纹遗物，其中又以莲花纹瓦当最多。南朝墓葬和遗址中还出土了净瓶、佛塔、莲花器座等佛教色彩浓厚的器物，由此可见，随着佛教在岭南地区的传播发展，佛教的思想和艺术已逐渐渗透到人们的社会生活中。

（2）伊斯兰教的传入。唐代时广州官府为了便于管理，在城西划地兴建"蕃坊"住宅区，让长期在此经商的外国侨民集中居住。"蕃坊"的位置在当时的广州城外，约在今天的中山路以南，惠福路以北，解放路以西，人民路以东，中心即现在光塔街一带，蕃坊的设置仿照了唐代的里坊制度。侨民在蕃坊内保持其宗教信仰、风俗习惯，由于侨民主要来自波斯（伊朗）、大秦（罗马帝国）、天竺（印度）等国，因此伊斯兰教就在蕃坊中传播。蕃坊内兴建了一座取名为"怀圣"的清真寺，以此纪念伊斯兰教创始人穆罕默德，始建于唐代的怀圣寺是早期伊斯兰教传入中国的见证。

（3）西方宗教的传入。15世纪末，欧洲至东方的直通航路开通之后，欧洲列强纷纷扩大海上霸权，并期望通过传播宗教与文化来实现殖民扩张。较早进入中国的西方宗教是天主教，1541年耶稣会教士圣方济各·沙勿略来到广东上川岛，成为天主教来华的开端。葡萄牙人于1568年在澳门设立主教署，成为天主教会在华的基地，天主教成为西方文化向中国传播的先驱。利玛窦是天主教来华传教的一位重要人物，由海路来到岭南，以他为代表的传教士以介绍西方科学为手段，达到在中国立足和传教的目的。据记载，最早的天主教堂是利玛窦在广东肇庆西江岸边兴建的"仙花寺"。基督教传入岭南的时间较天主教晚了约2个世纪。

（二）南海神庙中的"番鬼"

南海神庙是中国古代皇家祭祀海神的场所，是我国四间海神庙中唯一完整保存下来的官方庙宇，也是海上丝绸之路的重要历史见证。

庙内东侧有一座身着中国唐代衣冠的外国人泥塑像，举左手遮眉，眺望远方，他就是唐朝的朝贡使者达奚司空。中国的神庙里竟有这样一张"黑脸"的洋面孔，这让不知情的人很意外。关于这个外国"黑脸"神像，有一个有趣的传说。据考古专家黄淼章老师讲述，这个人是个古印度人，名叫达奚。宋仁宗庆历年间，达奚随商船沿海上丝绸之路从印度来到中国。回程时，船停靠在神庙码头，达奚司空上岸祭祀完南海神，种下了两颗波罗树种子，而后迷恋庙中秀丽的景色，流连忘返，以致误了返程的海船。船上的人忘记了他，开船走了，他长久地站立在大海边，远望来时路，后来立化在海

立于南海神庙的"番鬼望波罗",他是宋仁宗庆历年间随海上丝绸之路而来的来华贡使

边。人们认为达奚是来自海上丝绸之路的友好使者,即将其厚葬。后来,为了感谢达奚带来了波罗树,人们就在南海神庙立起了他的塑像以作纪念,并给他穿上中国的衣冠,封为达奚司空。因其塑像望着他的故乡——印度(波罗国),故民间又有"番鬼望波罗"之说。

第三节　日常生活的西化

西方文化对中国文化的影响在汉朝就开始了，当时的罗马帝国就与中国的东汉王朝开始了交往，这种交往的途径就是通过举世闻名的丝绸之路。到了唐代以后，中西方文化的交流就更加频繁了，最重要的一个标志就是宗教的传入。当时在中国的"景教"，教徒一度发展到数十万人，这就是西方文化对中国的第一次大规模的渗透。第二次西方文化对中国较大的渗透时期是元朝。由于元朝蒙古帝国的影响力，大批西方传教士涌入中国，其中最著名的是马可·波罗，他的《马可·波罗行纪》在西方引起了巨大的反响，中国从此成为西方垂涎的伊甸园。第三次渗透是在明末清初，时值西方资产阶级革命时期。西方传教士进入中国传教，并开始向中国推广西方的一些先进技术及先进理念，著名的有利玛窦、汤若望等，可惜当时中国的统治者并没有注意到这些人所传达的东西，中国继续沉眠在天朝上国的美梦中。第四次渗透是鸦片战争以后，中国开始遭到西方列强的入侵，中国沦为半殖民地半封建社会。初期仍是外国人通过传教向中国人灌输西方的宗教、哲学、经济、政治思想，但到了后期，一批批爱国青年成为传播西方民主科学思想的主力军。第五次大规模渗透是在改革开放后，大量的西方文化涌入中国，深深改变了中国人的生活方式。

在西风的沐浴下，广东人们生活中各个方面都有了不同的变化：服饰、语言、文学、乐器、音乐、娱乐节目、行为习惯，等等，包罗万象。既有物质生活的变迁，如饮食、服饰、私人住宅、公共建筑、城市设施、医疗卫生等与人们生活最密切的方面的变化，又有宗教信仰、社会习俗和风气、娱乐方式、语言文化等精神层面上的变化，现仅列举其中几个典型的方面进行阐述。

一、服饰着装的西化

（一）近代服饰的变化趋势

清朝末年，西方文化随着列强的侵略刚进入我国的土地，社会各阶层仍保持原有的清朝服制。汉族妇女的服装主要是大褂、裙、裤、背心（坎肩）等，其服饰的最大特点就是"不悖常理"。清朝时期服饰的形制比较固定，女性的家常衣着一般是上穿大褂、下穿裤子，搭配当时还很盛行的"三寸金莲"，传统服饰占主导地位。洋布作为西方输入中国的大宗商品，在清初时已不断涌入广州，但早期输入广州的洋布因各种原因遭受了冷遇，对广州人的服饰文化影响很小。鸦片战争后，西方人期望在广州扩大贸易的梦想破灭，广州人对西方的服饰仍采取强烈的抵制态度。随着英国工业革命的兴起，洋布的价格大为降低，质量有很大提高，形成了对广州土布的竞争优势，洋布开始在广州受到欢迎，广州人服饰上的西化现象逐步普遍。

辛亥革命推翻封建帝制后，西方思潮迅速扩散，服装观念也在新思潮的带动下日益转变。留学青年、洋买办及效仿者视西服为身份的标志，而中式的长袍马褂尚未退出历史舞台，保守的旧式人物仍保持清末的穿着习惯，因此形成了"中西交汇、新旧杂陈"的民国初期服饰风貌，甚至1912年民国政府规定的礼服标准也规定了"西式礼服"和"中式礼服"两种。显而易见，这种并列的状态是过渡时期。当时鲁迅先生的文章《洋服的没落》、林语堂先生的《论西装》和梁实秋先生的《衣裳》，均对这一时期"中国人应该穿什么衣服"发表了议论。20世纪以前，广州人在服饰上的西化主要体现为穿洋布，但到20世纪初，服饰的西化转向为部分人开始穿西服。据1906年广州口岸贸易报告称，"那些毛织品和棉毛混纺织物用于缝制时下流行的仿洋式服装。据称，全城新开了100家裁缝店，主要缝制军服和校服。……西式小帽、大帽及手套亦大有增加，因本口华人喜用之故，盖男子约计有75％，均喜于冬令戴用西式小帽，惟多在入夜之时。"[①]

民国中期到抗日战争时期，随着社会风气的改变，西方服饰逐渐被社会全面接受，西式服装逐渐被大众普遍接受和喜爱，穿西装的人越来越多。女性服装也发生了很明显的变化，如高领衫袄和黑色长裙搭配的"文明新装"、紧绷身体的长裤等，一般女性也敢于裸露小腿、手臂。此时服装的种类、样式众多，时尚流行的现象也很明显。如《海上风俗大观》记载："至于衣服，则来自舶来……衣则短不遮臀，袖大盈尺，腰细如竿，且无领……裤亦短不及膝，裤管之大，如下田农夫……""今则衣服之制又为之一变，裤管较前更巨，长已没足，衣短及腰。"广东服饰上的西化更是有了质的飞跃，

---

① 广州市地方志编纂委员会办公室等《近代广州口岸经济社会概况——粤海关报告汇集》，暨南大学出版社1995年版，第446、500页。

西装成为衣着时尚，大受欢迎，打破了中国传统的服装等级观念，对广东服饰文化的影响来得比洋布更为强烈。

20世纪初，西装作为西方文明的标志，在广州城内逐渐成为受追求的时尚。1906年广州出版的《赏奇画报》，在描述社会新闻时，很多人都是穿着西装，其征订广告上就是一位身穿西装、戴西式小帽的先生。粤东烟草公司的伟人牌香烟的封面也是画着一位穿西服、扎领带的先生。① 西装作为当时的时尚潮流，大受追捧。人们观念已大为更新，服饰的西化倾向已成为服饰文化的主流。随着20世纪末的到来，这种倾向愈加明显，东方服饰从传统的保守、含蓄的形式逐渐开放，西式服饰中袒露的样式，透薄的面料，合体的结构，超短的裙型已被青年人所接受。西式的晚装、礼服、婚纱获得了大多数人的认可，体现女性曲线之美的"性感"服装成为许多女性的爱物，男式西服和女式大衣、套裙的造型几乎与国际流行的相一致。

（二）西方文化对近代服饰的影响

在长期与西方文化接触交流中，人们的观念也在逐渐改变。服饰着装的改变是中国人对传统的突破。受西方文化的影响，近代服饰主要有以下两个变化。

一是服装数量的减少。传统服装给人的感觉是繁复厚重。民国建立后，随着古代典服制度的废除，女装开始褪去不必要的烦琐，只留下轻便舒畅的袄裙和旗袍，显得女子身材颀长、亭亭玉立，袄裙和旗袍也因此而成为"时装"。

二是改变传统服饰风格，改善服饰衣料。民国建立后，废止了传统的典服制度，同时受西方服饰影响，脱离以直线裁剪为中心的传统宽衣，向曲线裁剪为中心的窄衣化方向发展。西方服装的审美观念对中国女性起到积极的影响，女装服饰从宽大无形变为紧致显形。20世纪前期，女装使用透明的细薄织物表现身材，单层合体的裙装性感、外扬。受此影响，20世纪上半叶中国女装在廓形方面不断地向身体靠拢，衣身开始变窄，衣侧缝也逐渐靠近人体。20世纪20年代后期至30年代，西方剪裁方式中的曲线裁剪正逐渐进入中国人的服饰生活，"在以西装造型法对中式袍服进行改良后，使旗袍完成了由平面到曲面、由离体到紧体、由连袖到装袖、由无省到有省进而由传统到现代的转折。从现代旗袍的结构图来看，其造型方式已与西装无异"。②

---

① 《赏奇画报》，1906年第1期、第4期。
② 张竞琼《从一元到二元：近代中国服装的传承经脉》，中国纺织出版社2009年版，第219页。

(三) 以旗袍为例看东西方服饰文化的融合

20世纪20年代至40年代的民国新旗袍，款型结构纷繁多样而又风格各异，其形成与发展在一定程度上承袭了中国传统满族袍服的特征，又强烈地受到了来自西方文化与服饰风格的作用和影响，兼收并蓄、仿效融合，成为具有鲜明中国特色与时代特征的传统服饰代表与中西交融的设计典范，在中国服饰文明史上留下了浓墨重彩的一抹印记。

随着19世纪中后期西方文化渐入中国，许多沿海城市，尤其是一些华洋杂居的大都会，由于得西洋风气之先，女性服饰也开始发生了一些变革。形制样式趋于简化，追求自然，成为过渡中的民国初期旗袍的一个主要特点，趋洋求变、讲求适体的"曲线"之美。借鉴和吸收西式的曲线剪裁，向窄身与合体化过渡。女性服饰不再如过去那样遮掩身体，而是日益大方地凸显出玲珑突兀的身体曲线美，展现东方女性的典雅与贤淑。可以说，旗袍对于女性"曲线"之美的分寸拿捏，恰到好处地兼顾并适应了传统与现代的审美标准。一方面，人们对过往的传统审美还尚有依赖，全盘西化的去旧革新，对普通大众而言并不现实，尤其是一些保守人士更是难以接受；另一方面，西风浸染下的摩登生活又实实在在、日益深刻地影响和改变着人们的审美习惯。就传统而言，旗袍在包裹之中体态若显，柔和而不张扬，立领紧闭直挺，端庄矜持，不仅符合中国人含蓄内敛的性格，更彰显了东方女性温婉尔雅的气质。于现代而言，上下一体的形制，线条流畅，合体收腰，将女性身姿衬托得丰满圆润，纤美修长，婀娜之余亦拔高了身形。此外，裸腿和下摆开衩，又适可而止地在密实之中隐约透出几分性感。旗袍兼顾并融合了东方传统审美与西方现代审美的优长，完美地契合了国人的审美心理与女性的形体特征，因而为今人称道，并谓之"国服"，博得了国内外人士的一致好评。

民国时期的女装变换，始终伴随着政治因素与文化心理的复杂交织，它们纷繁多样又风格各异，而旗袍风尚的兴起与发展，更成为其中尤具代表性的一种审美现象。在传统与现代、东方与西方文化的不断碰撞与交融中，在西风的不断濡染下，人们的审美心理与审美趣味也逐渐发生一些微妙的变化。

(四) 西方文化对当代服饰的影响

在中国，20世纪是受西方文化冲击的一个世纪，是西式服装替代传统的

中式服装的世纪。中山装、旗袍可以说是中式服装的代表，但的的确确都是在西式服装观念的影响下形成的，是中国服装历史文化的缩影。西方文化对中国服饰的影响甚深，有的甚至延续至今，比如婚纱及其相应的习俗活动。

有人指出近代出现的一个很奇怪的现象：20世纪90年代后婚纱租赁成风，经济条件的局限虽然是一部分原因，但这和传统思想观念及婚俗文化却有些相背而行。殊不知这其实正是受西方外来文化的影响所造成的文化现象。中国自古以来喜红厌白，白色在中国代表丧，可是随着社会变革、经济文化的发展融合，受西方教育的部分文化创始人率先接受了西方文化。民国初年，西式的婚纱样式在中国的婚礼上开始出现。自此以后，西式婚纱逐渐取代了旧式的中国婚礼服，在中国的婚纱业占主导地位。

二、岭南语言中的西方元素

（一）称呼中所体现的西方元素

1. 穆斯林妇女与"波斯妇"或"菩萨蛮"

唐朝时客居广州的穆斯林商人数以千计，他们有的住唐5年、10年，有的甚至住到了宋代，长达数十年。他们有的带来了自己的妻子儿女，有的则在中国娶汉女为妻。那些穆斯林妇女，穿着鲜洁的衣裳，带着珍贵的耳环，被中国人称为"波斯妇"或"菩萨蛮"。所谓"菩萨蛮"是波斯语 Mussulman 或其讹形 Bussurman 的译音，意为伊斯兰教徒（穆斯林）。后世有"菩萨蛮"的教坊曲，其曲调本源自波斯，后在融合中国本地音乐元素后形成了一种新的曲风，其源头乃是出自穆斯林妇女的来华。

2. 广州与"支那""广府""广东"

广州是唐代唯一设置市舶使的城市，为整个王朝履行中心性的双重管理职能，在唐代对外关系上具有特殊重要的地位，在海外亦享有盛誉。从"市舶时代"到"洋舶时代"，互市的贸易伙伴来自不同的地区和国家，因而，对广州也出现不同称谓：印度人称广州为"支那"，"印度俗呼广府为支那，名帝京为摩诃支那也"。也就是当时外国人称广州为支那，意即中国，而称长安为摩诃支那，意即大中国。① 阿拉伯人称广州为"广府"（Khanfu）。此名是"广州都督府"的简称，从9世纪中期起屡见于阿拉伯地理文献。西洋

---

① 参见杨万秀、钟卓安《广州简史》，广东人民出版社1996年版，第81页。

人称广州为"广东"（Canton）。这个以省代市的译名，自明代延续到现代，为西方世界所熟知。

另外，宋代时期习惯把外国人称为"蕃客"，在一些重要港口开设"蕃市""蕃坊"和"蕃学"，这些词语都是由于外来人的到来而产生的，包含着浓郁的外域文化。

（二）西方语言在岭南大地播种生根发芽

如前所述，广东英语（Canton English），是中国式英语的一种，被称为变种英语，是18世纪初到19世纪中叶中西交往的语言。当时广州市面上有一本小册子叫《鬼话》，很受欢迎。林则徐在广州期间，曾辑录许多洋务资料，任陕甘总督时其幕僚陈德培录其"千分之一"，名之为《洋事杂录》，《洋事杂录》中有一些用汉字书写的外文名词读音，如"正月"注音为"占玉华利"（January）。① 广东英语主要以口语的形式存在，在发音、造句等方面深受广州方言和澳门葡语的影响，与正宗的英语相差甚远，是一种不中不西、粗制滥造的"混血儿"。亨特对其做过如此描述"当一个中国人用自认为很好的英语对他最初在广州登岸的番鬼说话时，他可能一个字也听不懂，同时他自己讲话时也没有一个人能听得懂"。② "从1715年起，中国商人本身学会一种古怪方言，即广东英语，此后变成中国贸易的通用语"。③ 18世纪末来华的马戛尔尼使团的侍童小斯当东在他1793年12月22日的日记里写道："我们逛了附近几家大店铺，令我惊讶的是商人的名字，甚至他们所卖商品的名字都用罗马字写在每家店铺的门上，更令我惊讶的是大部分商人都能用英语交谈，他们的英语还相当不错。我们看到一家很大的瓷器店，品种之多不亚于任何一家英国瓷器店……广州已不再完全是中国了，今天在那里仍然可以看到许许多多用罗马字写的招牌在那里，常常可以听到人们说英语，这些现实已有很长的历史了。"④

由于清政府限定了可以与外国商人直接交流的群体，广东英语使用者有比较明显的职业特征，他们多局限在外贸、服务等行业中。这些人以外商、

---

① 陈德培等《林则徐〈洋事杂录〉》，《中山大学学报》（社会科学版）1986年第3期。
② 转引自吴义雄《在宗教与世俗之间——基督教新教传教士在华南沿海的早期活动研究》，广东教育出版社2000年版，第445页。
③ 转引自吴义雄《"广州英语"与19世纪中叶以前的中西交往》，《近代史研究》2001年第3期，第183–184页。
④ ［法］佩雷菲特《停滞的帝国——两个世纪的撞击》，王国卿、毛凤支等译，生活·读书·新知三联书店1993年版，第502页。

行商、通事、买办为主，另有店铺主、商馆仆役、船户、鸦片贩子、疍民等。十三行的行商是当时享有对外贸易特权的一群人，与外商接触最多，不少行商学会了使用广东英语来进行沟通，如行商潘启官就通晓广东英语。① 除这些官方使用群体外，广东英语还有很多民间使用者，如十三行附近的店主、商贩、黄埔港的船家等。广州十三行外国商馆附近有许多广州人开的主要为外国人服务的小店铺，这些铺主和雇员是广东英语的使用者，而且，这类的使用群体规模还不小。19世纪30年代后，出现了若干种用作教材和词典的广东英语词汇书的刻本，标志着中西交往持续发展背景下广东英语应用范围的扩大。

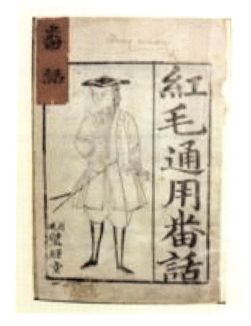

《红毛通用番话》

19世纪30年代刻印于广州的"广东英语"词典《红毛通用番话》收集了这类语言词汇约380个，多以贸易和日用为主。②《红毛通用番话》是出现最早的广东英语词典，独特之处是用白话硬拼英文，例如"one"读"温"，"twenty one"读"敦地温"，"wine cup"读"湾蛤"，"finger"读"弗音辖（ge）"等。1817年至1823年，马礼逊在澳门出版第一部汉英对照字典《华英字典》，收入汉字4万多个，对英语在我国的传播起到重大作用，也标志着中英语言交流进入了学术层面。1827年英国商人在广州创办英文《广州纪事报》。1836年至1837年，一位经澳门来广州的西洋人出版《番鬼在中国》，讲到他与中国人接触时听到各种人讲"广东英语"，其中还有一名疍家妇女。不过，这时的"广东英语"主要是口语，主要用于对话，靠的是声音而不是文字。1862年广州纬经堂刻印了近代著名买办唐廷枢的《英语集全》，主要是为了方便广东商人和外国人打交道，此书英文表达正确，注音

---

① 梁嘉彬《广东十三行考》，广东人民出版社1999年版，第260页。
② 吴义雄《"广州英语"与19世纪中叶以前的中西交往》，《近代史研究》，2001年第3期，第180页。

也准，收词汇、短语、简单句子在6 000个以上，编纂方式像今日的汉英词典，也更趋于完善，它是广东英语发展的结果。①

广东英语不仅在广州被广泛使用，也有外扩的趋势。澳门、香港人和外商打交道时，都使用广东英语，当时在广州做生意的外商，很多频繁来往于广州、澳门两地。广东英语还传到其他省份，1834年，闽浙总督就向道光帝报告说福建沿海"甚有奸民之贸易广东者，习学番语，即在澳门交接夷人，勾引来闽"。② 到19世纪中叶，五口通商以后，"广东英语"开始盛行于上海外国商馆集中的洋泾浜，被称为"洋泾浜英语"，"洋泾浜"是英法在上海租界的一条分界小河。但这种英语的源头其实就是广东英语，后随一些作为买办和职员的广东人传到上海，他们用粗通的英语充当贸易中间人，在上海洋泾浜附近出现的这种语法不准，带有中国口音的英语就是广东英语。广东是英语在我国最早立足和传播的基地，而广东人用土音注英语读音，化洋为中，是很大的创造。鸦片战争后有上百万广东人迁居上海，也加速了这种"广东英语"入沪。

19世纪60到90年代，洋务运动兴起，广东再度成为我国英语中心之一。特别是1858年中英《天津条约》规定"嗣后英国文书俱用英文书写，暂时仍以汉文配送。俟中国派学生学习英文，英语熟悉即配送汉文。自今以后，遇有文句辩论之处，总以英文作正义"。这一规定，也加速了英语的推广，尤其是对于与洋人长期接触的广州更是如此。据统计，19世纪下半叶至20世纪初，基督教《圣经》在我国方言译本有近600种，在广州出版有132种，占22%，居全国之首。

到了清末民初，学习英语成为一种社会风气，一首广州竹枝词反映出英语扩及普通女性社会的情形："髻盘委堕鬓如云，窄袖蛮靴衬布裙。妆束工趋时世样，女儿还喜演英文。"③ 许多英语口语也融为广东各方言的一部分。另外，在侨乡方言中也体现着西方元素。如果说服饰、饮食、民居建筑的"西化"还只是物质文化的表现，那么在语言、思想观念的"崇洋"则更反映出侨乡巨大的文化变迁。在侨乡方言中多有英语词汇，如台山话中将

---

① 吴义雄《"广州英语"与19世纪中叶以前的中西交往》，《近代史研究》，2001年第3期，第190页。

② 吴义雄《"广州英语"与19世纪中叶以前的中西交往》，《近代史研究》，2001年第3期，第192页。

③ 戴达士《续羊城竹枝词》，见雷梦水等编《中华竹枝词》，北京古籍出版社1998年版，第3013页。

"好"称为"骨"(good),而将老妇人称为"老缅(man)婆"则体现了中西语言的混合。1934年广东省民政厅的调查称,中山"自海通以来,县人经营外国者众,濡染新知,潜移默化,故风气较为开通"。

三、西方文化对广东生活习俗的影响

广东地处中国南疆,因其地理位置的特殊性,两千多年来广州一直是华南的政治和经济中心,中原文化和各种异域文化在这里得到了融合和发展,造就了广东极强的开放性。明末以来,西方文化作为一种新的文明传入广东,拉开了中西文化交流史新的一幕。西方文化在广东的传播呈现出明显的阶段性。鸦片战争以前,广州已经是国际性的大城市,西方文化的很多因素已经在广州出现,但由于中国人固有的优越感,西方文化在广东的传播并不顺利,西方文化对广东普通下层民众的影响较微。鸦片战争后,广州受到巨大创伤,经济地位急剧下滑,广东人的仇外情绪严重,中西文化交流在广东陷入僵局,广东人对洋人的恐惧心理代替了原先的自大心理,他们在困境中开始寻求自强之路,洋务运动应运而生,学习西方成为热潮。在这种大背景下,西方文化因素全面涌入广东,并迅速改变着广东人民的生活,产生了广泛的影响。西方文化对广东居民生活的影响体现在物质和精神两个方面。物质生活上,人们传统的衣、食、住、行、医等方式都发生了急剧变革,生活的内质和外延都融入了西方文化的因素。西餐、洋米、洋面丰富了广东人的饮食结构和内容;洋布、西服改变了传统的着装习惯和打破了服装的等级;西式布局的房子显示了主人的地位;现代城市设施便利了人们的生活,拓宽了交往的空间,提高了人们生活品质;西式的医疗方法和手段,形成了对传统中医的补充,提高了医疗水平,改善了人们的健康状态。精神生活上,新的宗教信仰丰富了广东人的精神世界,耶稣开始占据很多人的精神空间;传统的陋习在西方文化下作出了让步并逐步掩埋于历史尘器中,自由开化风气深入人心;公共娱乐空间得到扩展,家庭娱乐方式得到突破,娱乐方式中的人性化因素得到体现。这些既是中西文化交流的表现,也是文化融合所造就的结果。

(一)西风影响下广东民众物质生活的变化

从19世纪80年代起,西洋商品已经深入影响了广东人的生活。荷兰豆于乾隆年间传入广东,最初在广州西关一带种植,刚种植时价格昂贵,数十年间岭南皆有。① 番禺沙葛，种来自洋舶，根大如碗，可生食。② 此外如西洋芹菜、马铃薯等都在清朝时传入广东，而且种植普遍，走上百姓日常餐桌，丰富了广东人民的饮食。与此同时，洋米、洋面也大量输入广东且十分受欢迎。清朝时广州的粮食经常靠从外省或国外进口，其中洋米、洋面就占据了广州很大的市场，因广州的商业性使得其农业相对欠发达。这从进口的西方物品货值可见一斑。1895 年，广州进口货值为约 4.95 千万海关两，1900 年为约 5.15 千万海关两，1905 年增加到约 9.28 千万海关两，1910 年为 1.16 亿海关两。③ 进口商品中直接消费资料占主要地位，如棉货、绒货，以及各种食、杂货都是进口的大宗。其他生产资料、建筑材料以及车辆、船艇、电船柴油机、蒸汽机、纺织机的进口也比以前增加。除了前文所述衣着方面的变化之外，广州对洋布的需求和消费也值得一提。19 世纪 90 年代后，洋布价格的继续下跌进一步刺激了洋布消费，以漂白市布为例，1901 年进口 209 700 匹，比 1892 年的 49 120 匹大为增加。④ 到 1910 年，广州市场上的洋布每尺仅售 3 银分左右，⑤ 洋布逐步取得绝对价格优势而刺激了人们对它的消费。此外，广东人还穿各式进口鞋，尤其在广州，因其优越的地理位置，这种现象尤为明显和普遍。如 1887 年的广州商务报告中记载"橡皮鞋的输入达 8 630 双，受到普遍的欢迎，因为它们是按照中国式样和中国人的身材制造的"。⑥ 另外，如洋手帕等随身用品也很受市民喜爱。19 世纪初李调元的《南海竹枝词》写道："广州夫娘高髻妆，不戴素馨必瑞香。见客纤纤红指甲，一方洋帕献槟榔。"⑦ 这里的夫娘指的是渔家已婚妇女，是广州社会下层妇女，但在 18 世纪末 19 世纪初也经常使用洋手帕，这在中国其他城市是很难见到的。总之，逛洋货店已经成为这阶段的一种时尚和情趣，正如清末一首竹枝词所言："大洋货铺好销场，拆白联群猎粉香。毕竟西关人尚侈，食完午饭去真光。"⑧

除了饮食、服饰、建筑等因为西风的席卷而产生很大的变化之外，广东的交通设施、通信设施、医疗与卫生服务设施等也在西方文化的影响下快速

---

① 〔清〕刘世馨《粤屑》卷一。
② 〔清〕戴肇辰等修，史澄等纂《（光绪）广州府志》，卷十六《舆地略》。
③ 程浩《广州港史》（近代部分），海洋出版社 1985 年版，第 143 页。
④ 《近代广州口岸经济社会概况——粤海关报告汇集》，暨南大学出版社 1995 年版，第 905 页。
⑤ 《买物归来价值记》宣统二年。
⑥ 姚贤镐《中国近代对外贸易史资料》，中华书局 1962 年版，第 1095 页。
⑦ 〔清〕李调元《粤东皇华集》卷三，光绪八年刊本。
⑧ 雷梦水等编《中华竹枝词》（第 4 册），北京古籍出版社 1997 年版，第 2897 页。

发展，进一步提高。在西方的推动下，广东的近代市政建设有了较大的改变，城市建设发展迅速。早期租界的规划建设在客观上起到类似橱窗的作用，它所展示的现代化的公共设施对整个广州近代的发展无疑是一个重要的参考。到清末，广东的城市建设日益现代化，交通、通信、照明等设施有了很大的发展，极大地方便了市民的生活和联系。近代轮船客运业务的开展，近代马路的修建，与道路系统同步变迁的交通工具——由轿子到后来出现了手拉的东洋车；民国初年，机动车辆在广州出现，新的交通工具促进了市内道路系统的更新，马路的修建就更加迫切，城市环境质量也因此得到了提高；还有甲午战争后英、美、德在广州争夺势力，在广州等地修建了广韶铁路、粤汉铁路、广三铁路、广九铁路等；邮政事业的发展和电报、电话的使用方面；电灯、自来水的使用和新式消防队的建立等，这些都是由于在西风的侵袭下产生的变化和发展。医疗和卫生的变化是清朝物质生活变化的重要内容。西医东渐，首推广东，然后才是全国各地，广州是西医东渐的中心。西医东渐给广东人民带来了巨大福音，广东的医疗和卫生条件有了很大的进步，人们的健康水平获得极大提高。

近代广东在西方文化影响下，开始了城市早期现代化的历程，市政设施日益完善。近代广州的窗口特征更加明显，在公共设施的各个方面都取得了明显的进步，给人们的生活提供了极大的便利。

（二）西风影响下广东民众精神生活的变化

近代广东在西方文化影响下，人们的精神生活也有了深刻的变化，这种变化主要表现在宗教信仰、社会习俗和风气、娱乐方式、教育文化等方面。在变化过程中，自由和开放是整体的趋势，精神生活作为意识层面的内容较之物质生活变化而言更好地体现了西方文化影响的程度。

广州作为中国基督教的传播地，在明清时期的中国基督教历史上其地位和作用是无法比拟的。基督教有自己独特的活动如布道、洗礼、礼拜，以及一系列的宗教仪式如静坐、唱诗等，充满虔诚气氛，信徒在这样的意境中求得心理的平衡和满足，也丰富了人们的精神生活，因而能经常为一些人所追求。传教士还顺应潮流鼓励禁烟和反对女子缠足、提倡婚姻自由等，向教徒传播了新思想。基督教青年会的年轻人常常饶有兴趣地进行文娱体育、社交聚会、讨论发言等活动，日益滋长着关注社会、服务社会的热情，基督教的救世精神对教徒的影响意义深远。但是因广州政治地位的重要性，备受政府关注，因此每次禁教政策颁布后，广东的禁教最为严厉，教务总是遭受最沉重的打击。入清以来,虽基督教在广州传播渠道或明或暗,但并未中断。在广东和珠江三角洲等岭南地区,基督教堂和教徒数量仍在上升,礼拜成为风气。他们凭借强大的政治和经济力量,以其他任何宗教都无法比拟的规模和速度渗透到各行业、地区和民族,并占据广东人的精神空间。

在西方文化影响下,社会习俗的变革多发生在清末,主要表现在婚俗的改变、反缠足和剪辫运动等方面。清末民初广东婚姻习俗上大有变革,一些时髦青年在衣饰和用品上进行吐故纳新,模仿西方。"碧藤轿子簇新花,婚礼文明半世家。吉服却嫌红锦俗,新人头罩白轻纱"。① 迎亲的大红花轿变成以鲜花装饰的藤兜,时尚又好看,新娘头罩白纱是对传统观念的背离。广东地区婚俗变化还有一个特点就是删繁就简和崇尚节俭,"是日男女家一切繁文俗例,悉数删除,用生花的轿,行文明结婚礼,所有聘礼妆奁,悉免举行,是亦可以风行矣"。② 回门的习俗也有了改良的迹象,"近来女子半风骚,旧俗拘墟笑尔曹。新妇归宁无用轿,两人携手更时髦"。③ 新娘抛头露面已与旧俗有所不同,而新婚夫妻携手并行更体现出思想的平等。在看待妇女守节等问题上,人们的态度开始变得宽容。守贞守节现象也受到广东有识之士的口诛笔伐。晚清新会陈子褒提倡寡妇再嫁。他认为"妇人夫死,脱离法律,自由矣。夫可再娶,妇即可再嫁,此公理也"。④ 更有人指出"特守清陋习,绝无理由可据,……专制婚姻,两未觌面,情于何生,义于何结"。⑤ 这些都是西方文化影响下婚姻习俗中注入的新元素。

清朝广东风气的变化还表现在对女性的限制相对来说比较少,这是中西文化交流背景下广东商业发达的结果。到清末民初时,随着一系列社会习俗的变革,如缠足的废除、剪辫运动的兴起、女子教育的倡导等,风气更是大开,自由、平等观念日益深入人心。甲午战争的失败,标志着洋务运动的破产,使得更多的人开始认识到仅仅学习器物层面、技术层面的东西是不够的,人们开始强调学习西方思想制度,这是观念上更大程度的转变。当时的

---

① 转引自杨秋《清末民初广州的"文明结婚"习俗探析》,《广西社会科学》2004 年第 8 期,第 153 页。

② 《武人之文明结婚》,《民生日报》,1912 - 05 - 25.

③ 转引自杨秋《清末民初广州的"文明结婚"习俗探析》,《广西社会科学》,2004 年第 8 期,第 154 页。

④ 陈子褒《教育遗议》,见沈云龙主编《中国近代史料丛刊》第 91 辑,台湾文海出版有限公司 1987 年版,第 115、116 页。

⑤ 转引自李兰萍《从〈香山县志〉看清代妇女的命运——对广东妇女贞节观的研究》,《广东史志》2003 年第 1 期,第 40 页。

广州是政治活动的中心地区，活跃着一批政治活跃分子，如康有为、梁启超等。他们极力宣传新思想，如不缠足、剪辫等，影响波及城镇和乡村，给人们的生活带来了重大变化。女子教育的兴起使得自由思潮广泛传播，如婚姻中敢于追求自由的女子越来越多，抗婚、悔婚层出不穷，这些都是社会观念进步的直接体现。文化教育上，广东出现了官办新式学堂和私人学堂，重视学习西方技术和文化。广州第一所由中国人创办的新式学堂是广州同文馆，1864年正式开学，该校学生毕业后，多在洋务机构中任职。广州第二所官办新式学堂是1882年开办的广东实学馆。人们注重西式教育，主动学习西方文化。

在传统农业社会，民众业余生活局限性十分明显，即使是城市居民，由于其生活环境和经济能力的限制，娱乐活动也比较简单，一口通商后，广州作为一个商业城市，城市经济发生转型，休闲消遣方式更加多样化，适合各阶层的公共娱乐空间不断兴起，西方的一些娱乐活动纷纷涌入，娱乐的内容也更加丰富多彩。清末时，更多的西方特色娱乐涌入广东，且很快流行。比如20世纪初期，魔术被引入广州戏院，大大开阔了市民的眼界，成为吸引民众休闲消费的一个热点。清末《点石斋画报》曾报道广州南海县松岗乡三位魔术师演戏法的情形，"令乡人取一旧酒坛至焚符封口，随即探手坛中，牵出一及笄处女……"① 魔术在乡间的出现，是其当时广为流行的缩影。除魔术外，清末民初，留声机、电影、赛马等西式娱乐休闲活动在广州也颇受欢迎，广东涌现越来越多的西式娱乐方式。传统经济在西方文化影响下发生转型，商业在转型中日益占据主要地位，而商业的发达又使适应各阶层的休闲娱乐场所的出现成为可能，人们从私人空间走出，到公共空间进行娱乐。其中广州比较大众化的休闲娱乐场所有茶楼、酒楼、戏院等。商业的发达，使广东能够在较快的时间引进和接受西方的文化艺术，给封建社会晚期的中国城市生活带来了新鲜的气息。早在鸦片战争前，欧美许多来华画家大都在广州居住过，他们给当时中国的绘画带来了新的风格，部分欧美画家还在广州开店，专门给人画肖像画，很受欢迎。同时广州早在明代时就已经传入西洋音乐和乐器，当时部分文人雅士以欣赏洋乐为乐，并留下很多记载。到清时在广州还出现了很多制造西洋乐器的作坊，西洋音乐日益为广东人所接受。到清朝末年时，西洋乐器在广州已经普遍流行，"古琴，六十以上人尚多有好之，至少年，则群趋于胡琴、月琴、洋琴、风琴。而风琴尤甚，学堂

---

① 转引自蒋建国《晚清广州城市消费文化研究》，暨南大学博士学位论文，2005年，第160页。

或且列为教科……"① 可见，洋乐和洋乐器走上了普及之路，丰富了广东人的精神生活。

随着西方文化的传入，广东作为中西文化交流的中心地带，在接受西方文化上占尽先机，西方一些自由、开化的风气也不断影响着广东人的生活，广东在保留传统封建城市特点的同时，也呈现出与内地城市完全不同的气息，风气上较之内地城市也更为开化。休闲日益社会化、大众化，这是西方文化影响下商业大为发达的结果。

然而，西方文化的传入具有双重影响。清朝以来，特别是鸦片战争以来，西方文化对广东人生活的影响从物质到精神无所不包，这种影响全面渗入广东人日常生活中的方方面面。西方文化的大量传入，在加速人们生活现代化的同时，也给人们的生活带来了很多负面影响。很多传统行业在西方商品大量输入的情况下纷纷破产，如棉布、洋纱的大量进口，对广东地区的纺织业造成巨大打击，使很多从事纺织业的妇女、儿童失去工作。到清末民初广东因进口西方商品过多，极大地影响了本地商业和手工业的发展，正如《南海乡土志》言"自通商以来，洋货日盛，土货日绌，农工不兴，商务乃困，欲塞漏卮，非振兴实业无从补救耳"。② 此外，因西方的精神文化与中国传统文化有一定的差距，他们在传播过程中引发了和中国人民的很多矛盾，基督教的传播就是例证，很多传教士经常利用特权压榨当地民众，引发众多教案，对广东人民造成了不小的损失。

广东靠近沿海口岸，最早承受了西洋物事的"东渐"，最早承受了欧风美雨的洗礼。外国的香料、宝石、金银器、玻璃器等货品亦从海路运抵广州，菩提树、芒果、油橄榄、菠萝蜜等，大批"海药"等被贩到广州，扩大了土地利用的规模，改变了人们的饮食结构。同时不少佛教僧人也乘商船来到广州，在传播佛教的同时，还传入印度的哲学、文学、医学、绘画、雕刻和建筑艺术。清前期海上丝路带来的中西文化交流，不同于以往以商品为主，而具有更多科技含量。如传入包括西洋历法、天文、地理学、制图学、西医学、西药学、钟表、眼镜、望远镜等器物，以及西方生活方式、习俗等。西方文化对广东的影响由来已久，从阿拉伯数字、钟表仪器，到洋枪、洋炮，乃至英文、西装，等等，无一不是舶来物。

虽然从晚清到民国社会风尚的变化经历了一个缓慢发展的过程，但是越

---

① 邬庆时《南村草堂笔记》卷一。
② 《南海乡土志》卷十五《商务》，光绪三十四年刊本。

到后来，西方文化影响的色彩就越浓重。19世纪七八十年代以后，随着洋务运动的开展，国人走向世界的机会的增多，大众传媒工具的推介以及租界文明的示范，中国人对西方文明的看法逐渐从视洋货为"奇技淫巧"到"仿洋改制"，终于达到"戊戌变法"时期对西方文明认可程度的高点；然而原本大幅上扬的"西风东渐"曲线，却因"百日维新"的失败及义和团运动的"扶清灭洋"而堕入"最恶洋货"的最低谷。正如孙中山先生在他的《民权主义》中所说，"经过世纪之交的短暂倒退后，中国人的自信力便完全失去，崇拜外国的心理便一天高过一天"。清末新政，以及随后的辛亥革命，大幅度加快了"西风东渐"的进程。人们纷纷"以洋为尚"，特别是在一些繁华都市或沿海地区，人们在衣食住行方面争相效仿西方。一时间，"洋化"成为一种时髦，成为一种生活追求，也成为社会上审美观和价值观的主要取向。民国初年年轻人的最时髦装束是"三克主义"：手拿"司的克"（洋手杖），眼架"克罗克"（洋眼镜），嘴吸"茄的克"（洋卷烟）。《申报》有篇文章描写当时的机关工作人员说："头戴外国帽，眼架金丝镜，口吸纸卷烟，身着哔叽服，脚踏软皮鞋，吃西菜，住洋房，点电灯，卧铜床，以至台凳、毡毯、面盆、手巾、痰盂、便桶，无一非外国货，算来衣食住，处处仿效外国人"①。有一首《竹枝词》甚至讲："洋帽洋衣洋式鞋，短胡两撇口边开。平生第一伤心事，碧眼生成学不来。"② 大量资料表明，"西化"是这一历史时期中国人生活中的新热点。

西方物质文明的引进，固然远远比不上维新或革命那样有深度，但它对社会造成的影响绝不可小觑。诚如陈旭麓先生所说，"它没有大炮那么可怕，但比大炮更有力量；它不像思想那么感染人心，却比思想更广泛地走到每一个人的生活里去。当它改变了人们的生活之后，它同时成了人们生活的一个部分了"③。的确，鸦片战争后由于岭南地区受到西方文化的影响更加强烈，广东成为中国民主革命的策源地。广东有它独特的生态环境，适应这样的环境形成的生活方式，无论是饮食、民居、骑楼、粤剧、广东音乐、岭南画派等，既饱含西方文化，又很有南国特色。

目前，来自国外发达地区的一些所谓的现代生活方式，已经开始渗透到岭南地区人们的日常生活之中，并为众多当地人尤其是青年人所仰慕。事实上，在一些少数民族村寨当中，讲汉语（广州话）、穿时装、住"洋楼"、看

---

① 《中华民国国务员之衣食住》，《申报》，1912－05－07。
② 金冲及、胡绳武《辛亥革命史稿》（第4卷），上海人民出版社1980年版，第115页。
③ 陈旭麓《近代中国社会的新陈代谢》，上海社会科学院出版社2006年版，第277页。

影碟或者电视剧、唱卡拉 OK、喝啤酒、开（摩托）车，等等，已经成为"时尚"的生活方式。在一些年轻人看来，只有城市里的、经济发达地区的生活方式，才代表着"现代生活"的潮流，而当地传统的生活方式已经不合时宜。如今，年轻人喝着可口可乐、咖啡，跳着华尔兹、狐步舞，热衷于过情人节、圣诞节，大嚼肯德基、麦当劳的汉堡，已经非常普遍了，普遍到似乎已经忘了这些是来自西方的文化。

可以说，自西方文化传入中国起，广东的广州就一直是最主要的通道，正是这种地位使得西方因素不断涌现广东，使岭南得以濡染西风之先。经过几百上千年的交流发展，特别是晚清对外开放以来的不断磨合，西方文化逐渐改变了广东人原有的生活方式，拉开了广东人生活方式早期现代化的序幕。

参考文献

[1]〔晋〕法显. 佛国记. 四库本.
[2]〔后晋〕刘昫,等. 旧唐书[M]. 北京:中华书局,1975.
[3]〔唐〕张九龄,等. 唐六典. 四库本.
[4]〔唐〕杜佑. 通典[M]. 北京:中华书局,1989.
[5]〔唐〕长孙无忌,等. 唐律疏议. 四库本.
[6]〔唐〕魏征. 隋书[M]. 北京:中华书局,1973.
[7]〔宋〕苏辙. 龙川略志. 四库本.
[8]〔宋〕李昉,等. 文苑英华. 四库本.
[9]〔宋〕庄绰. 鸡肋篇[M]. 北京:中华书局,1997.
[10]〔宋〕郭祥正. 青山集. 四库本.
[11]〔宋〕周必大. 文忠集. 四库本.
[12]〔宋〕欧阳修,等. 新唐书[M]. 北京:中华书局,1975.
[13]〔宋〕司马光. 资治通鉴[M]. 北京:中华书局,1956.
[14]〔宋〕王钦若,等. 册府元龟. 四库本.
[15]〔宋〕岳珂. 桯史. 文渊阁四库本.
[16]〔明〕宋濂. 元史[M]. 北京:中华书局,1976.
[17]〔明〕胡宗宪. 筹海图编. 四库本.
[18]〔清〕吴汝纶编录. 李文忠公全书:朋僚函稿. 光绪三十一年刻本.
[19]〔清〕屈大均. 广东新语[M]. 北京:中华书局,1985.
[20]〔清〕厉鹗. 宋诗纪事[M]. 上海:上海古籍出版社,1983.
[21]〔清〕杨震福,等. 嘉定县志. 光绪八年刻本.
[22]〔清〕王韬. 弢园尺牍. 光绪六年铅印本.
[23]〔清〕徐珂. 清稗类钞[M]. 北京:中华书局,1986.

[24]〔清〕郭嵩焘. 郭嵩焘日记：第一册[M]. 长沙：湖南人民出版社，1981.
[25]〔清〕道光广东通志. 四库本.
[26]马溪吟香阁辑. 正续羊城竹枝词[M]. 广州：广州科学书局，1921.
[27]何乔远. 闽书[M]. 福州：福建人民出版社，1995.
[28]王仲荦. 隋唐五代史：上册[M]. 上海：上海人民出版社，1988.
[29]梁嘉彬. 广东十三行考[M]. 广州：广东人民出版社，1999.
[30]黄启臣. 广东商帮[M]. 合肥：黄山书社，2007.
[31]黄逸峰，等. 旧中国的买办阶级[M]. 上海：上海人民出版社，1982.
[32]方豪. 中西交通史：上册[M]. 长沙：岳麓书社，1987.
[33]汪敬虞. 唐廷枢研究[M]. 北京：中国社会科学出版社，1983.
[34]陈代光. 广州城市发展史[M]. 广州：暨南大学出版社，1996.
[35]雷梦水，等. 中华竹枝词[M]. 北京：北京古籍出版社，1997.
[36]司徒尚纪. 广东文化地理[M]. 广州：广东人民出版社，1993.
[37]赵春晨，等. 中西文化交流与岭南社会变迁[M]. 北京：中国社会科学出版社，2004.
[38]曾晓华. 岭南最后的古村落[M]. 广州：花城出版社，2013.
[39]苗延波. 华夏商路[M]. 北京：知识产权出版社，2014.
[40]白寿彝. 中国通史[M]. 上海：上海人民出版社，2016.
[41]徐俊鸣，等. 广州史话[M]. 北京：中华书局，1963.
[42]谭元亨. 广府文化大典[M]. 汕头：汕头大学出版社，2013.
[43]宋子良，等. 通向工业化之路[M]. 北京：中国经济出版社，1993.
[44]姚贤镐. 中国近代对外贸易史资料[M]. 北京：中华书局，1962.
[45]张竞琼. 从一元到二元：近代中国服装的传承经脉[M]. 北京：中国纺织出版社，2009.
[46]中国社会科学院近代史研究所《近代史资料》编译室. 鸦片战争时期思想史资料选辑[M]. 北京：中华书局，2013.
[47]毛锦钦. 佛国罗浮[M]. 广州：暨南大学出版社，2011.
[48]杨万秀，钟卓安. 广州简史[M]. 广州：广东人民出版社，1996.
[49]聂宝璋. 中国近代航运史资料：第1辑上册[M]. 上海：上海人民出版社，1983.
[50]沙为楷. 中国买办制[M]. 北京：商务印书馆，1927.
[51]英藏敦煌文献：册四[M]. 成都：四川人民出版社，1991.
[52]杨富学. 敦煌与丝绸之路学术文丛·西域敦煌宗教论稿续编[M].

兰州：甘肃教育出版社，2015.

[53] 姚公鹤．上海闲话［M］．上海：上海古籍出版社，1989.

[54] 汪仲贤．上海俗语图说［M］．上海：上海社会出版社，1935.

[55] 郑曦原，等．帝国的回忆——《纽约时报》晚清观察记［M］．北京：生活·读书·新知三联书店，2001.

[56] 严昌洪．中国近代社会风俗史［M］．杭州：浙江人民出版社，1992.

[57] 苏生文，赵爽．西风东渐——衣食住行的近代变迁［M］．北京：中华书局，2010.

[58] 李少兵．民国时期的西式风俗文化［M］．北京：北京师范大学出版社，1994.

[59] 沙丁，等．中国和拉丁美洲关系简史［M］．郑州：河南人民出版社，1986.

[60] 陈旭麓．近代中国社会的新陈代谢［M］上海：上海社会科学院出版社，2005.

[61] 蔡鸿生．广州与海洋文明［M］．广州：中山大学出版社，1997.

[62] 李锦全，等．岭南思想史［M］．广州：广东人民出版社，1993.

[63] 李志刚．百年烟云 沧海一粟［M］．北京：今日中国出版社，1997.

[64] 熊月之．西学东渐与晚清社会［M］．上海：上海人民出版社，1994.

[65] 复旦大学历史系，等．近代中国资产阶级研究［M］．上海：复旦大学出版社，1984.

[66] 谭元亨．广府海韵——珠江文化与海上丝绸之路［M］．广州：广东旅游出版社，2001.

[67] 黄启臣．广东海上丝绸之路史［M］．广州：广东经济出版社，2003.

[68] 王元林．国家祭祀与海上丝路遗迹——广州南海神庙研究［M］．北京：中华书局，2006.

[69] 中共广州市委宣传部，广州市文化局．海上丝绸之路·广州文化遗产（三卷本）［M］．北京：文物出版社，2008.

[70] 龚缨晏．中国"海上丝绸之路"研究百年回顾［M］．杭州：浙江人民出版社，2011.

[71] 蔡鸿生．澳门史与中西交通研究——戴裔煊教授九十诞辰纪念文集［M］．广州：广东高等教育出版社，1998.

[72] 黄国声．羊城谈旧录［M］．广州：广东人民出版社，2015.

[73] 岭南画派纪念馆．岭南画派在上海［M］．广州：岭南美术出版社，2013.

[74] 袁钟仁．广州海上丝绸之路［M］．广州：广东人民出版社，2016.

［75］陈泽泓．岭南文化概说［M］．广州：广东人民出版社，2013．

［76］梁定宽，戴继芹，姚逸芹．岭南文化通俗读本［M］．广州：中山大学出版社，2016．

［77］中共广东省委组织部，广东省人民政府地方办公室．广东资政志鉴［M］．广州：广东人民出版社，2015．

［78］司徒尚纪．21世纪海上丝绸之路，广东再出发［M］．广州：广东旅游出版社，2016．

［79］景兆玺，高红梅．论科学技术对唐代中阿海路贸易发展的促进作用［J］．西北第二民族学院学报（哲学社会科学版），2005（1）．

［80］胡肇椿，等．广州出土的汉代黑奴俑［J］．中山大学学报（社会科学版），1961（2）．

［81］赵春晨．关于"海上丝绸之路"概念及其历史下限的思考［J］．学术研究，2002（7）．

［82］周玉蓉，杨秋．十八、十九世纪"广州英语"的使用者［J］．广西民族学院学报（哲学社会科学版），2006（2）．

［83］程美宝，刘志伟．18、19世纪广州洋人家庭里的中国佣人［J］．史林，2004（4）．

［84］吴义雄．"广州英语"与19世纪中叶以前的中西交往［J］．近代史研究，2001（3）．

［85］曾昭璇，曾新，曾宪珊．广州十三行商馆区的历史地理——我国租界的萌芽［J］．岭南文史，1999（3）．

［86］曹志教．广州西关大屋建筑特色［J］．南方建筑，2002（3）．

［87］马一．晚清驻外领事以粤籍为主体原因探析［J］．南海问题研究，2012（1）．

［88］叶国泉，罗康宁．粤语源流考［J］．语言研究，1995（1）．

［89］邹振环．西餐引入与近代上海城市文化空间的开拓［J］．史林，2007（4）．

［90］顾卫星．马礼逊与中西文化交流［J］．外国文学研究，2002（2）．

［91］郑大华．论民国时期西学东渐的特点［J］．中州学刊，2002（5）．

［92］潘玉田，张瑞明．十七、十八世纪西学文献在中国的传播［J］．固原师专学报，1994（3）．

［93］严大奎．前期"西学东渐"的影响与跌落归因［J］．贵州教育学院学报（社会科学版），1991（4）．

［94］丘进．利玛窦在华事迹述略［J］．历史教学，1985（6）．

［95］陆芸．海上丝绸之路与伊斯兰文化［J］．暨南史学，2012（1）．

［96］薛立胜，李志健．"21世纪海上丝绸之路"建设的文化考量［J］．对外传播，2015（4）．

［97］黄启臣．广东开放海外贸易两千年——以广州为中心［J］．深圳大学学报（人文社会科学版），2007（2）．

［98］王元林．广信：秦汉时期陆海丝绸之路最早对接点之一［J］．广西民族大学学报（哲学社会科学版），2016（2）．

［99］陈晓．广州港港口体制改革之我见［J］．综合运输，2002（4）．

［100］赵焕庭．广州是华南海上丝绸之路最早的始发港（Ⅱ）［J］．热带地理，2003（4）．

［101］李庆新．历史视野下的广东与海上丝绸之路［J］．新经济，2014（16）．

［102］张晓东．明清时期的上海地区与海上丝绸之路贸易活动——兼论丝路贸易和殖民贸易的兴替［J］．史林，2016（2）．

［103］谢兴．南岭山区湘粤古道茶文化遗产资源及其旅游开发初探［J］．农业考古，2015（5）．

［104］刘义杰．评《南海古代航海史》［J］．南海学刊，2016（12）．

［105］李军．宋元"海上丝绸之路"繁荣时期广州、明州（宁波）、泉州三大港口发展之比较研究［J］．南方文物，2005（1）．

［106］毛起雄．唐代海外贸易与法律调整［J］．海交史研究．1988（2）．

［107］徐奇堂．唐宋时期岭南文化的发展及其原因［J］．广州大学学报（社会科学版），2002（1）．

［108］郑学檬．唐宋元海上丝绸之路和岭南、江南社会经济研究［J］．中国经济史研究，2017（2）．

［109］韩志远．晚清广东客家移民探讨［J］．赣南师范学院学报，2004（2）．

［110］张嫦艳．魏晋南北朝的海上丝绸之路及对外贸易的发展［J］．沧桑，2008（5）．

［111］陈翔．五千外国商船穿梭古港成就广州贸易中心地位［J］．珠江水运，2012（Z1）．

［112］李鑫．"感性与理性"：浅谈中西饮食文化差异［J］．全国商情·经济理论研究，2010（5）．

［113］胡水凤．繁华的大庾岭古商道［J］．江西师范大学学报（哲学社会科学版），1992（4）．

［114］王瑜．古代外来建筑文化在岭南的传播及影响［J］．古建园林技术，2011（4）．

［115］韩湖初，杨氏弘．关于中国古代"海上丝绸之路"最早始发港研究述评［J］．地理科学，2004（6）．

［116］叶显恩，周兆晴．海上丝路与古代广州的繁荣［J］．珠江经济，2008（4）．

［117］李庆新．唐代市舶使若干问题的再思考［J］．海交史研究，1998（2）．

［118］陈国保．王朝经略与隋唐南疆商业贸易的发展［J］．中国边疆史地研究，2016（4）．

［119］李金明．魏晋南北朝时期的海外贸易［J］．南海问题研究，1993（4）．

［120］虞和平．香山籍买办与宁波籍买办特点之比较［J］．广东社会科学，2010（1）．

［121］孙垂龙，苏炳昌．应正确认识早期买办商人的历史作用［J］．历史学习，2002（6）．

［122］王本祥．粤海外贸 千年辉煌［J］．岭南文史，2014（2）．

［123］冯士钵．中国买办资产阶级的几个问题［J］．历史教学，1964（8）．

［124］郭小聪．重压——十三行行商的负担分析［J］．兰台世界，2017（12）．

［125］曹家齐．海外贸易与宋代广州城市文化［J］．中国港口，2012（10）．

［126］林旭鸣．论唐宋时期两广地区海外贸易与市舶贸易官制的变化［J］．岭南文史，2011（3）．

［127］邓其生．保护历史文化名城资源提高广州文化品格［J］．南方建筑，2001（4）．

［128］龚为纲，等．大数据视野下的19世纪"海上丝绸"——以丝绸、瓷器与茶叶的文化影响力为中心［J］．学术论坛，2015（12）．

［129］常洁，张丽丽．福建：海丝之路展新姿［J］．农业发展与金融，2015（11）．

［130］杨宏烈．广州跻身"世界历史文化名城"路径研究［J］．中国名城，2012（1）．

［131］李雪瑜，等．岭南文化特色中的科学技术——基于农业、建筑、纺织、航运及科技思想的考察［J］．科技信息，2013（10）．

［132］周义，等．岭南文化研究的新拓展［J］．岭南文史，2006（2）．

［133］马洋．岭南文化与新岭南文化特点认知研究——基于广东新移民与本地居民的调查分析［J］．广州城市职业学院学报，2016（3）．

［134］彭兆荣．岭南走廊：一个重新发现的文化线路［J］．百色学院学报，2016（1）．

［135］杨宏烈．千年海上丝路的世界商埠文化名城——广州争创"世界历史文化名城"刍议［J］．广州城市职业学院学报，2011（3）．

［136］徐映奇．试论岭南文化的历史地位［J］．广东省社会主义学院学报，2002（3）．

［137］李世兰．以海上丝绸之路重构广州开放型经济优势的战略思考［J］．探求，2015（4）．

［138］何善心．在"封开：岭南文化发祥地论坛"的讲话［J］．岭南文史，2004（3）．

［139］黄伟宗．珠江文化的历史定位［J］．学术研究，2004（7）．

［140］顾涧清．主持人语：以海洋文化引领广东海洋经济新发展［J］．广州开放大学学报，2015（2）．

［141］金峰．"广府"与"广州"关系辨析［J］．岭南文史，2016（3）．

［142］韩强．广府海洋文化撮要［J］．佛山科学技术学院学报（社会科学版），2011（5）．

［143］邱丽，张海．广府民系聚落与居住建筑的防御性分析［J］．华中建筑，2007（11）．

［144］韩强．广府民系文化心理述要［J］．佛山科学技术学院学报（社会科学版），2013（4）．

［145］陈达生．论蕃坊［J］．海交史研究，1988（2）．

［146］程浩．论广州港在广州历史上的地位与作用［J］．海交史研究，1995（1）．

［147］冯俊．市舶——中国古代对外贸易制度［J］．中学历史教学研究，1997（4）．

［148］蔡鸿生．市舶时代广府的新事物［J］．河南大学学报（社会科学版），2014（3）．

［149］黄纯艳．宋代来华外商述论［J］．云南社会科学，1997（4）．

［150］李传印．宋代发展海上贸易的政策措施［J］．安庆师院社会科学学报，1992（3）．

［151］马英明．唐代广州通海夷道的繁盛［J］．中小企业管理与科技（上旬刊），2009（10）．

［152］戴显群．唐宋时期我国第一贸易大港地位的转换［J］．海交史研究，2004（2）．

[153] 黄芳芳."海上丝路"背景下"广彩"的艺术形态研究[J]. 美与时代（上），2016（2）．

[154] 陶亮."季节计划"、印度海洋战略与"21世纪海上丝绸之路"[J]. 南亚研究，2015（3）．

[155] 王雪艳. 17世纪后通过海上丝绸之路西方文化对中国陶瓷艺术的影响[J]. 陶瓷学报，2013（1）．

[156] 范娜娜. 21世纪海上丝绸之路：推进广州建设国际商贸中心城市[J]. 现代商业，2015（1）．

[157] 刘妍. 21世纪海上丝绸之路视域下的岭南文化传播[J]. 探求，2015（4）．

[158] 陈洪波. 关于汉代海上丝绸之路的再思考[J]. 泉州师范学院学报，2015（5）．

[159] 袁少雄，等. 广东传统村落空间分布格局及其民系特征[J]. 热带地理，2017（3）．

[160] 李凡. 历史地理视角下海上丝绸之路在岭南的区域效应[J]. 热带地理，2015（5）．

[161] 覃辉银，等. 岭南文化多元融合的特点探析[J]. 华南理工大学学报（社会科学版），2015（1）．

[162] 张军军. 论"南海海上丝绸之路历史文化数据库"的建设[J]. 琼州学院学报，2015（6）．

[163] 黎相宜，等. 社会地位补偿与海外移民捐赠——广东五邑侨乡与海南文昌侨乡的比较分析[J]. 华侨华人历史研究，2011（4）．

[164] 高崇文. 试论广西地区先秦至汉代考古学文化变迁——兼论汉代合浦的历史地位[J]. 四川文物，2017（1）．

[165] 周彝馨，等. 移民聚落社会伦理关系适应性研究——以广东高要地区"八卦"形态聚落为例[J]. 建筑学报，2011（11）．

[166] 鲍光翔. 北江"逐梦"黄金水道[J]. 珠江水运，2014（20）．

[167] 颜广文. 古代广东的驿道交通与市镇商业的发展[J]. 广东教育学院学报，1999（1）．

[168] 高云. 古代海上丝绸之路对福建古建筑的影响研究[J]. 湖北科技学院学报，2016（1）．

[169] 徐堇. 古代海上丝绸之路对中国港口经济的影响[J]. 企业导报，2014（7）．

[170] 叶显恩. 广东古代水上交通运输的几个问题[J]. 广东社会科学, 1988（1）.

[171] 张开城. 论广东海上丝绸之路文化资源的开发利用[J]. 南方论刊, 2011（11）.

[172] 刘重日. 明代海上丝绸之路与澳门[J]. 东岳论丛, 1999（5）.

[173] 崔策. 泉州与广东的古代海外交通贸易[J]. 广东造船, 2015（1）.

[174] 郭培忠. 丝绸之路　友谊之路——古代广东的海外交通和贸易[J]. 中国典籍与文化, 1993（4）.

[175] 李丽娜. 铁路与近代广东古镇变迁[J]. 沧桑, 2014（5）.

[176] 邵雪婷. 中国古代海洋建设与21世纪海上丝路建设动因对比[J]. 浙江海洋学院学报（人文科学版）, 2014（6）.

[177] 韩洪文, 等. 中日古代海上丝绸之路发展历程及当代启示[J]. 西北工业大学学报（社会科学版）, 2016（3）.

[178] [美] 亨特. 旧中国杂记[M]. 沈正邦, 译, 章文钦, 校. 广州: 广东人民出版社, 2000.

[179] [美] 威廉·C.亨特. 广州番鬼录[M]. 冯树铁, 译. 广州: 广东人民出版社, 1993.

[180] [美] 马士. 东印度公司对华贸易编年史: 第3卷[M]. 区宗华, 等译校. 广州: 中山大学出版社, 1991.

[181] [美] 多米尼克·士风·李. 晚清华洋录[M]. 李士风, 译. 上海: 上海人民出版社, 2004.

[182] [美] 马士. 中华帝国对外关系史: 第1卷[M]. 张汇文, 等译. 上海: 上海书店出版社, 2000.

[183] [美] 郝延平. 十九世纪的买办——东西间桥梁[M]. 李荣昌, 等译. 上海: 上海社会科学院出版社, 1989.

[184] [美] 威廉·蒙哥马利·麦高文. 中亚古国史[M]. 章巽, 译. 北京: 中华书局, 2004.

[185] [美] 陈锦江. 清末现代企业与官商关系[M]. 王笛, 张箭, 译. 北京: 中国社会科学出版社, 1997.

[186] [英] 马戛尔尼. 乾隆英使觐见记[M]. 刘半农, 译. 天津: 百花文艺出版社, 2010.

[187] [英] 佐伊·马什, G.W.金斯诺思. 东非史简编[M]. 伍彤之, 译. 上海: 上海人民出版社, 1974.

[188] [埃及]艾哈迈德·爱敏. 阿拉伯-伊斯兰文化史[M]. 向培科,等译. 北京：商务印书馆，1982.

[189] [法]老尼克. 开放的中华——一个番鬼在大清国[M]. 钱林森,蔡宏宁,译. 济南：山东画报出版社，2004.

[190] [日]忽滑谷快天. 中国禅学思想史[M]. 朱谦之,译. 上海：上海古籍出版社，2002.

[191] [日]真人元开. 唐大和上东征传[M]. 北京：中华书局，1979.

[192] 任少执. 西学东渐中在华传教士对我国社会作用与影响研究[D]. 沈阳：沈阳工业大学，2014.

[193] 王瑜. 外来建筑文化在岭南的传播及其影响研究[D]. 广州：华南理工大学，2012.

[194] 谭雅昕. 明末西方传教士跨文化传播策略研究[D]. 重庆：重庆大学，2010.

[195] 高静. 西学东渐视域中的《东西洋考每月统记传》研究[D]. 西安：西北大学，2007.

[196] 闫瑞芬. 利玛窦传入的西方数学及其对中国科学的影响[D]. 太原：山西大学，2007.

[197] J. Y. Wong. Anglo-Chinese Relations 1839—1860[M]. London：Oxford U. P，1983.

[198] Brian Harrison. Waiting for China, the Anglo-Chinese College at Malacca[M]. Hong Kong：Hong Kong University Press，1979.

[199] Amalendu Guha. Parsi Seths as Entrepreneus1750—1850[J]. Economic and Political Weekly，1970（5）.

＊编者在编写本书的过程中，参阅了大量教材、文件、网站资料及有关文献，并引用了一些论述和例文。部分参考书目附录于后，但由于篇幅所限，还有一些参考书目未能一一列出，在此谨向这些作者表示谢忱和歉意。